中国证券博物馆

CHINA SECURITIES MUSEUM

2021年第1辑　总第5辑

中国证券博物馆 编

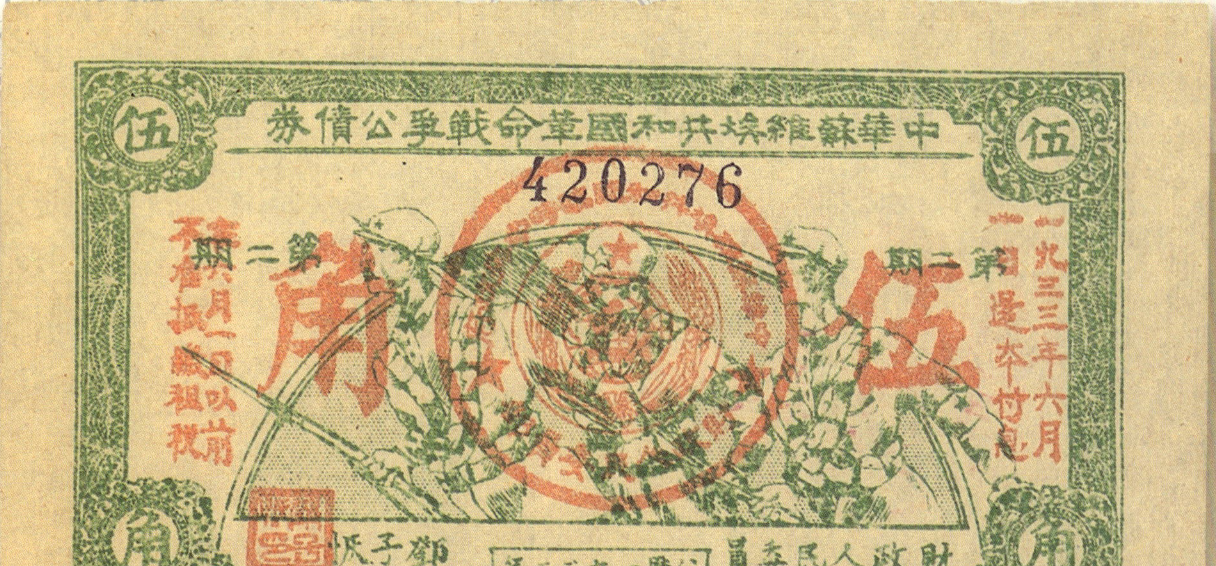

中华苏维埃共和国 1932 年发行的革命战争公债券（中国证券博物馆馆藏）

中国金融出版社

责任编辑：曹亚豪
责任校对：刘　明
责任印制：张也男

图书在版编目（CIP）数据

中国证券博物馆．2021年．第1辑：总第5辑/中国证券博物馆编．—北京：中国金融出版社，2021.5

ISBN 978-7-5220-1139-4

Ⅰ．①中…　Ⅱ．①中…　Ⅲ．①证券市场—史料—中国　Ⅳ．①F832.97

中国版本图书馆CIP数据核字（2021）第085523号

中国证券博物馆.2021年.第1辑：总第5辑
ZHONGGUO ZHENGQUAN BOWUGUAN. 2021 NIAN. DI-1 JI: ZONG DI-5 JI

出版
发行　中国金融出版社

社址　北京市丰台区益泽路2号
市场开发部　（010）66024766，63805472，63439533（传真）
网上书店　www.cfph.cn
（010）66024766，63372837（传真）
读者服务部（010）66070833，62568380
邮编　100071
经销　新华书店
印刷　北京侨友印刷有限公司
尺寸　215毫米×280毫米
印张　6.75
字数　132千
版次　2021年5月第1版
印次　2021年5月第1次印刷
定价　36.00元
ISBN 978-7-5220-1139-4

策 划

主 编

黄红元

副主编

潘学先

编委会成员

张卫东　金 星　张冠琼　周 舶　张 勇

| 联系我们 |

电话：021-38612105　邮箱：zgzqbwgnk@sse.com.cn

地址：上海市虹口区黄浦路 15 号　邮编：200080

CONTENTS

CONTENTS

人物访谈

阚治东：始于毫末

口述历史访谈组

阚治东，企业家，东方汇富投资控股有限公司创始合伙人。

1979 年，进入中国人民银行上海分行工作。

1984 年，任中国工商银行上海市宝山支行信贷科科长。

1987—1988 年，被共青团中央选派赴日本进修现代金融证券业务。

1988 年，任中国工商银行上海信托投资公司副总经理，主管证券和投资业务。

1990 年后，历任上海申银证券公司（后申银万国证券股份有限公司）副董事长、总裁、党委书记；其间兼任过上海证券业协会会长，上海证券交易所副理事长，深圳证券交易所理事，中国证券业协会常务理事。

1999 年，担任深圳发展银行上海分行主持工作的高级顾问。

1999 年，任深圳市创新科技投资有限公司副董事长兼总经理，深圳市创业投资同业公会会长。

2002 年 6 月 21 日，任南方证券股份有限公司总裁。

2005 年，创立深圳市东方现代产业投资管理有限公司，并担任总裁。

2014 年，成立东方汇富投资控股有限公司，并担任总裁。

著有《荣辱二十年——我的股市人生》《风雪十年》《创投家笔记》等书。

改革开放后中国证券业的发祥地——静安证券业务部

1. 世界最大证券交易所董事长和最小证券业务部经理合影

1986年11月14日，邓小平会见了以纽约证券交易所董事长约翰·范尔霖为团长的美国纽约证券交易所代表团，接受了范尔霖赠送的纽约证券交易所徽章。邓小平同志让时任中国人民银行行长陈慕华代表他回赠了一张上海飞乐音响股份有限公司的股票给范尔霖。范尔霖获得股票后专程到工商银行上海信托投资公司静安证券业务部办理了过户手续，成为我国改革开放后第一名外籍持股者，并在此留下了珍贵的世界最大证券交易所董事长和最小证券业务部经理的合影。

访谈人：

请您介绍一下范尔霖到访中国工商银行上海信托投资公司静安证券业务部的情况。

阚治东：

范尔霖先生收到邓小平同志赠送的这张股票后，才知道中国已经有股票交易场所了，所以他到上海以后希望参观我们静安证券业务部。一开始外事部门也不知道上海还有一个静安证券业务部，当时业务部是由南京西路上的一个理发店改造成的，只有十几平方米。外事部门认为这个地方不具备接待条件，但是范尔霖先生执意要去。

范尔霖先生在静安证券业务部办完股票过户手续后，和业务部经理黄贵显等有一张合影，这是世界最大证券交易所董事长和最小证券业务部经理的合影。

图1　1988年9月3日，游学结束回国时，阚治东（第二排左五）和同学们在日本机场合照

这张照片现在还挂在纽约证券交易所里，后来我到那里参观时曾看到过这张照片。范尔霖先生在参观时曾说道："这里比我们初创时要好多了，毕竟有一间房子，纽约证券交易所最早是在一棵梧桐树下进行交易的。"参观后，他了解到中国境内已经有了证券业务场所，意味着中国证券市场开始起步了。所以，静安证券业务部是一个具有出发意义的地方。

后来，伦敦证券交易所主席尼古拉斯·哥德森爵士到静安证券业务部参观，赠送了一幅描绘伦敦证券交易所300年前成立之初时的油画。他在画面背后用中文写下了"合抱之木，生于毫末"。中国资本市场当年只是一棵小小的树苗，今天可以说已根深叶茂了，不说是参天大树，起码也是一棵很高大的树了。

2."闹着玩的证券业务"和第一台电脑

1984年11月，静安证券业务部代理发行了改革开放后第一只严格意义上的股票——上海飞乐音响股份有限公司股票，开启了改革开放后的中国股票发行市场。

1986年9月静安证券业务部开市，拉开了改革开放后中国股票柜台交易的序幕。

访谈人：

请您谈谈当时静安证券业务部的业务状况。

阚治东：

1988年我在日本完成进修回国后，担任中国工商银行上海信托投资公司副总经理。当时的信托投资公司设在外白渡桥北端的浦江饭店，也就是今天的中国证券博物馆那里。我们把银行信托投资公司叫作银行金融百货公司，业务包括补偿贸易、设备租赁、委托贷款、直接投资，也包括已经初步设立的静安、虹口两个证券业务部。整个信托投资公司当年是盈利的，利润每年都在5000万元以上。现在5000万元是个小数，但在20世纪80年代末，年利润能达到5000万元的却很少。当时我负责分管证券和直接投资两块业务，而在信托投资公司5000多万元的利润中，我分管的两块业务盈利微不足道。直接投资当年投出去后几乎没有收益，证券业务收入以前大概是每年40万元，总经理李志道戏称这40万元就是闹着玩的。我去的当年，证券业务收入总共是120万元，但减去房租费、人工费，基本上不挣钱。每天去静安证券业务部参观的人很多，我大多数时间就是陪领导和嘉宾参观，没有什么业务。

访谈人：

静安证券业务部开创了许多中国证券史上的第一，请您回顾下当时的情景。

阚治东：

我到任后整个信托投资公司都没有一台电脑，更不要说下面的业务部门。静安证券业务部当时的设备非常简陋，好在交易量不大，我们还能处理。当时很多外国人都想到静安证券业务部去看看，参观时总会好奇地拿起我们的算盘晃晃。

当时显示行情的还是小黑板，为了支持电子管显示板，静安证券业务部使用了国内证券业的第一台电脑。静安证券业务部的黄贵显、胡瑞荃提出要买电脑，但那时一台电脑要三四万元，是一笔很大的开销，我们有些舍不得买。后来，我们就租了一台电脑，但是也派不上太大用场，要么用来显示行情，要么就是打出个欢迎某某访问团莅临的标语，对证券业务的作用不大。但是证券业用上了电脑，在当时却成了大新闻，《新闻报》曾报道说：“静安证券业务部在全国率先使用电脑处理证券交易，内容有股东管理、证券行情、股价指数等。”

后来，我们就开始买电脑，慢慢电脑买多了，但还是不能联机，没形成今天这样的联网交易。通过电脑系统进行交易和显示行情，我们和上海证券交易所几乎是同步实现的。1990 年上海证券交易所开业筹备期间购买电脑设备时看中了一套 200 万元左右的设备，筹备小组组长尉文渊建议和我们申银、万国和海通 3 家证券公司联手购买电脑，以便向电脑经销商砍价。经过商议，上海证券交易所和我们 3 家证券公司一共买了 4 套设备，这是中国证券业早期电子化最大的一笔投资。以前我们都是用黑板、白板显示行情，后来用走马灯，再到电子显示屏，最后终于形成了我们今天真正的电脑行情盘和电脑交易。

3. 静安指数和涨停板

1989 年初，静安证券业务部编制的静安指数在中国工商银行上海信托投资公司《1988 年股票年报》上正式发布。静安指数是 A 股第一个股票指数，指数基期为 1986 年 9 月 26 日——静安证券业务部第一批股票挂牌交易日，基期指数值为 100 点。

1991 年 7 月 15 日，上海证券交易所以 1990 年 12 月 19 日为基期编制的上证指数正式发布，由此取代静安指数。

访谈人：

当时为什么会想到要编制静安指数？

阚治东：

我到中国工商银行上海信托投资公司后，首先考虑的就是把证券业务做起来，我们给静安证券业务部的股票行情编了一个指数，也就是俗称的静安指数。负责证券业务的同志说某某股票涨了、某某股票跌了，我问他们今天股票整体是涨还是跌呢，他们就说不清楚了，所以编了这个指数，以年报的形式将当时的 8 只证券从 1986 年开办证券交易业务开始一点一点编起来，我们的证券业务也是这样一点一点拓展起来的。

访谈人：

后来交易逐渐频繁，在上海证券交易所开业前的一段时间出现了炒股的热潮，您当时是怎样应对的呢？

阚治东：

当时的股票行情始终不太好，股市甚至一度持续下跌，我们都想把股票做热做活。到确定要开设上海证券交易所时，没想到股票行情好起来了。

静安证券业务部之前在股票无人问津的时候买入了很多，以致上海的绝大部分股票都进入了我们的库存。股票一热，我们就开始抛售，比如本来每股 45 元买进的，55 元卖出，我们拿出多少库存就能卖出多少。后来感觉不对，我们就进行限额抛售，业务部天天都挤满了人，股票价格每天涨，静安指数每天涨。

图 2 1990 年 12 月 19 日上海证券交易所成立之日，阚治东（左三）与管金生（右二）、汤仁荣（右一）等理事合照

我向中国人民银行上海分行分管证券的副行长罗时林汇报说，这样涨肯定会出问题，罗时林副行长也担心股票疯涨会影响年底的上海证券交易所开业。他问我有没有办法抑制股票疯涨，我建议学习国外的涨停板，交易之后不能当天交割，通过延长交割时间的办法抑制反复交易。经主管部门同意，我们以中国工商银行上海信托投资公司的名义发布了 T+0、T+1 的政策。政策公布以后，虽然业务部交易频次降低了，但出现了黑市交易。在黑市交易中，真空电子股票从每股 80 多元炒到每股 450~500 元，股民把西康路、威海路堵得水泄不通，以致公交车都得绕道通行。

4. 真空电子有了“洋老板”

1990 年 10 月，上海市召开了国际金融研讨会。时任上海市委书记、市长朱镕基同志向与会嘉宾赠送了一份特殊的礼物——上海真空电子器件股份有限公司股票。

阚治东：

邓小平同志向美国纽约证券交易所董事长范尔霖先生赠送股票，这几乎是家喻户晓的故事。但很少有人知道，1990 年上海证券交易所成立前夕，朱镕基同志也向一批境外贵宾赠送过我们提供的真空电子股票，那也是一件有着历史意义的事。

1990 年 10 月，上海市召开了国际金融研讨会，这次会议由中国人民银行上海分行和上海市外资委负责筹备。筹备过程中，他们在礼品问题上遇到了难题，因为想挑选一件有意义的礼品送给参会的境外嘉宾。我向负责这项工作的中国人民银行上海分行副行长朱小华提议，可以像邓小平同志当年向范尔霖赠送股票一样，也给每位演讲嘉宾赠送一张股票。后来他们经过商议认可了这个建议，准备向17位演讲嘉宾每人赠送一张100元面值的真空电子股票，真空电子股票每股市值300多元，总计5000多元。当时大家对股票的态度相对比较保守，朱镕基市长曾要求只做不说，以减少对成立上海证券交易所和建设上海金融中心的影响。所以，我们也担心朱镕基市长是否同意向演讲嘉宾赠送股票。

我们做好了各项准备，虽然参加会议的媒体打听到了将要赠送股票的消息，但我们提醒他们千万不要在没送之前就把这件事报道出去，因为最后送不送取决于朱市长。但是下午五点多会议结束时，有人递给我一张当天的《新民晚报》(《新民晚报》是当时上海最抢新闻的报纸)，报纸头版就有一篇报道——《真空电子有了"洋老板"》，这的确有点闯祸了。

答谢宴会是晚上七点开始，一开始气氛不是很活跃，后来上海市外资委的叶龙蜚同志走到朱镕基市长身旁，就送股票的事宜进行请示。朱镕基市长随后走到话筒前说："为了感谢各位演讲嘉宾为上海金融中心发展献计献策，我现在决定给你们送一份礼物，是什么礼物呢？请你们猜一猜。"朱镕基市长非常幽默，可是大家都猜不出来，朱镕基市长就说请中国工商银行上海分行行长毛应樑给大家解开这个谜。毛应樑告诉大家，这份礼物是中国工商银行全资附属子公司申银证券给大家提供的面值100元的真空电子股票一张，这是一张货真价实的纸质股票，整个气氛就活跃了。原本计划是只向主讲嘉宾赠送股票，后来一些发言代表也希望得到这份特殊的礼物，我们就把在会上发言的嘉宾都考虑在内。最后，我们总共送出23张股票，嘉宾们拿到股票时都很开心。

后来遇到曾拿到过礼物的嘉宾方黄吉雯女士，我说我们准备办一个证券类的博物馆，想把当年赠送的礼物

图3 1994年9月27日，刘鸿儒（右二）参加申银证券十周年庆祝酒会，右一为阚治东

收藏和展示出来，朱镕基同志送您的那张股票能不能以10万元的价格转让给我们。她说就算是100万元也不能卖，这是朱镕基同志赠送的礼物，怎么可能卖呢？

全国性证券市场的形成

1. 上海证券交易所蓄势待发

1989年12月2日，上海市成立了由交通银行董事长兼行长李祥瑞、上海市体改办主任贺镐圣、中国人民银行上海分行行长龚浩成组成的上海证券交易所筹建领导小组，领导小组下设筹备工作小组，阚治东作为筹备工作小组成员之一，参与了上海证券交易所开业的筹备工作。

访谈人：

您参与了上海证券交易所开业筹备的相关工作，请您谈一下当时的筹备过程。

阚治东：

最初，对于上海是否要成立证券交易所还有一些争议。直到1990年，中央决定开发浦东，成立上海证券交易所被纳入上海金融中心建设和浦东开发的一揽子计划里面，这件事才一锤定音。

为了成立上海证券交易所，上海市成立了三人工作领导小组，领导小组下面设有一个筹备工作小组，由中国人民银行上海分行金管处的老处长王定甫担任小组组长。

起初，成立上海证券交易所在有序推进筹备，但没有一定要在1990年底开业的紧迫感。1990年6月，朱镕基同志率上海经济代表团访问香港。为了表示我们继续改革开放的决心，他在香港宣布上海证券交易所年内成立。香港媒体关于上海证券交易所年内成立的消息传到上海后，大家都很着急，因为只剩下不到半年时间了。王定甫他们当时工作很卖力，但是还停留在调研各种事情的可行性上，交易所成立实际上要有场地、规章制度、人员培训、电脑系统等，但都还没有进展。

这时，才临时换将由尉文渊接任了筹备工作小组组长，尉文渊把几家证券公司的负责人叫到一起，号召大家有人出人、有力出力，并马上成立了几个小组，找房子、搞装修、办培训、制定规章制度、准备交易用的电脑等，大家都动起来了。进行人员培训时我也去当过老师，专门讲委托买卖。当时我还担心年内不能开业，但是后来这个架子一搭，终于赶在12月19日正式开业了。

上海证券交易所实行会员制，在11月26日召开了会员大会，按照规定，上海证券交易所只能吸纳本地会员，不能吸纳异地会员，本地会员有资格的就申银证券、万国证券、海通证券和财政证券四家，数量太少了。后来就把给证券公司代理国债买卖的几家信用社也拉进来做会员，又凑了四五家，但还是太少。最后把一些在上海有办事处、有办公室的北京大型信托投资公司也都拉进来做会员，促成会员25家。

2. 人民币特种股票（B股）

1992年2月21日，中国第一只人民币特种股票（B股）——上海真空电子器件股份有限公司发行的人民币特种股票（B股）在上海证券交易所上市，标志着中国的证券交易从此进入对外开放的阶段。

访谈人：

静安证券业务部作为当时上海对外开放的窗口，吸引了许多境外投资者的关注。后来，中国人民银行上海分行批准了面向境外人士发行B股的计划，您能不能谈一下有关情况？

阚治东：

B股的发行有许多故事，当时有很多外国人到静安证券业务部或者其他业务部参观，都希望买一张股票留念，经外事部门同意可以让他们每人买一张，所以每一次来，外宾都会排队买一张股票作为礼物带回家。有的外宾希望能多卖一点给他们，但是我们没有这个权力。

由于当时国家外汇紧缺，我们就向市里提了一个建议，可以通过向境外发行股票的方式为国家募集外汇、外资，刚开始条件不成熟，后来，我们又提交了几次报告也没有得到批准。1991年，中国人民银行上海分行经过反复调研论证，决定专门对境外人士发行一种股票，这个股票后来称为人民币特种股票，也就是我们今天所说的B股，上海真空电子器件股份有限公司得到了首先向境外发行总值1亿元B股的机会。虽然申银证券在向境外发行股票方面做了大量准备工作，但还是面临能不能拿到中国第一只B股主承销商资格的问题，申银证券、万国证券、海通证券3家证券公司都知道主承销中国第一只人民币特种股票意义重大。最后，在上海市委市政府和相关部门的支持下，经过我们的不懈努力，申银证券承担了第一次发行人民币特种股票的任务。

为了承销B股，申银证券将公司里懂英文的五名员工集中起来，成立了中国证券行业的第一个国际业务部。我们一边着手真空电子公司发行人民币特种股票的准备工作，一边配合中国人民银行上海分行金融管理处起草相关办法和细则，还要协助上海证券交易所起草发行人民币特种股票的规则，工作量非常大。真空电子时任总经理薛文海曾说，为了完成这次承销资料准备工作，打算用上一吨纸，用坏两台复印机。工作量大对于我们来说都是其次的，当时真正困扰我们的是承销过程中中外习惯和文化差异带来的各种问题。在承销团队组建方面，在主承销商由国内还是国外证券公司承担这个问题上，我们坚持由国内证券公司做主承销商。此外还有股票发行过程中的协议文本、招股说明书等文字材料是以中文还是英文为准的问题，经过协商，中英文同时使用，具有同等法律效力。在法律适用方面争论也很激烈，经过向境外券商据理力争和协商，确定境外承销过程中发生的问题适用英格兰法，出现难以协商的问题时去斯德哥尔摩国际仲裁庭仲裁，其余都适用中国法律，在中国国际经济贸易仲裁委员会仲裁。最后还有会计审计、承销团组建和发行价格等问题，我们经过不断的协调、协商都一一解决了。

1991年11月30日，中国第一只人民币特种股票的承销签字仪式在上海展览中心友谊厅举行，时任上海市市长黄菊、时任中国证监会主席刘鸿儒和23个部

图 4　1996 年 7 月 16 日，原上海申银证券公司和原上海万国证券公司合并组建成申银万国证券股份有限公司，成为国内第一家股份制证券公司，开创了中国证券业走向集约型、集团化发展的先河。上海市副市长华建敏（左）同首任公司总裁阚治东在公司匾牌前合影留念

委的领导出席了签字仪式。1992 年 2 月 21 日，真空电子 B 股在上海证券交易所上市，上市当天开盘指导价为 71 美元 / 股，涨幅达 24.65%。上海真空电子人民币特种股票正式面向全球发行，在规定的承销时间内，以数倍于发行股数的申购数量宣告中国第一只 B 股的发行获得圆满成功。

3. 激烈的股票竞争

1992 年，经国家体改委批准，包括青岛啤酒在内的全国首批九家规范化股份制改革试点的国有企业进行全面股份制改造。

访谈人：

当时股票发行数量虽然不是很多，但是竞争非常激烈，请您介绍一下当时市场的竞争和发展情况。

阚治东：

早年中国资本市场是从上海和深圳两地发展起来的，我们当年叫作上海试点、深圳试点。中国证监会成立后批准了九大国企的股票上市发行，这九大国企的名单是由中国证监会上报国务院后确定的，包括青岛啤酒、仪征化纤、广船国际等。

竞争最激烈的是第一家发行企业青岛啤酒，因为九家企业总得有一家开头，第一家企业发行的成败事关后面八家能否顺利进行，把青岛啤酒安全、公平、公正地成功发行了，其他几家才可以启动。于是，青岛啤酒成为竞争发行的焦点，青岛啤酒要是在上海发行股票，就是申银证券、万国证券、海通证券 3 家证券公司竞争承销，但是当时全国各省市都成立了证券公司，如浙江证券、江苏证券、湖南证券、华夏证券、国泰证券、南方证券等，都要去竞争青岛啤酒 A

股股票的发行。我们申银证券是当时国内承销股票最多的证券公司，已在上海承销了几十家公司的股票；设计的发行方案也是较好的，采用无限量发行认购证的方式；申银证券给青岛啤酒定的发行价也是最合理的，6元一股，达到了其心理价位。最终申银证券拿下了青岛啤酒A股股票的发行承销权，因为这次股票发行非常重要，我们发行了近3亿张认购证，工作量非常大，我们在这只股票发行过程中投入很大，从而保证了九大国企股票顺利发行的良好开局。

九大国企向境外发行H股，同时向境内发行A股，是中国证监会成立以后批准的第一单业务，标志着中国资本市场不再是试点了，证券业开启了真正面向全国发展的新篇章。

交易电子化，股份大众化，市场国际化

从1984年发行第一只严格意义上的股票到推行注册制改革，中国资本市场栉风沐雨、逐渐壮大，取得了举世瞩目的成就，对中国经济做出了巨大贡献。老一代证券人绘制的资本市场发展蓝图大多都已实现，新时代的资本市场将是一片更广阔的蓝海。

访谈人：

您当年提出了“交易电子化，股份大众化，市场国际化”的目标，您认为实现了吗？请您展望一下中国资本市场的未来。

阚治东：

资本市场发展到今天，应该是出乎我们预料的，我们老一代证券人非常感慨。今天的证券市场规模已经非常巨大，对社会经济也做出了很大贡献，这是我们当年没有想到的。一开始我们都只想着满腔热情地把这个市场建起来、推动起来，然而今天的中国已经离不开这个市场了。

如果没有资本市场，很多大型企业几乎是不可能达到今天这样的规模的。20世纪80年代，我国挤进世界500强的企业几乎没有。今天我们有这么多企业、这么多银行进入了世界前500强行列，这不正是资本市场的作用吗？当然，从资本市场的角度看，未来还需要更大的发展。

我们当时提出了“交易电子化，股份大众化，市场国际化”的目标，今天听起来都觉得不可思议。我们的证券交易市场就是从算盘开始的，上海证券交易所成立时用200多万元买了一套电脑设备，就把整个上海证券交易所的交易系统承担下来了，当年的设备也是很初级的，容量很小，只能做简单的运算。今天中国股市交易电子化程度不亚于世界任何一个交易所。

之所以要提出股份大众化，是因为当时我国证券市场上的股票很少，就在上海和深圳两地试点。而到今天，我国证券市场投资者已有1亿多人，所以股份大众化现在已经做到了。

对于市场国际化，其实这几年也一直在推动，B股就是推进国际化进程中的一个举措，现在推出CDR（存托凭证）也是国际化的举措，我国资本市场

图 5　1999 年 5 月 8 日，阚治东（前排中）与申银证券部分老同志合影，左四黄贵显，右四胡瑞荃

国际化的步伐可以迈得更快一点。

以前我在日本进修的时候，一打开财经频道，看到的都是纽约、伦敦、东京三大证券市场的指数，我希望未来有一天，全世界关心财经的人们打开电视、翻开报纸或是登录网络看到的不是三大市场的指数，而应该是纽约、伦敦、东京和上海（或中国）四大证券市场的指数。今天我们还没有做到这一点，在这一方面还得继续努力。■

（照片提供：阚治东）

（整理：张勇）

中国期货市场 30 年

申唯正

前言

中国改革开放 40 多年的伟大历史进程，从有计划的商品经济起步，到做出建立社会主义市场经济体制的历史性决策，再到 21 世纪初成为世界制造中心的第二大经济体，离不开中国特色社会主义市场经济理论的开拓创新，离不开现代金融市场的逐步建构，也离不开现代期货市场的发展与助力。

改革开放起步于家庭联产承包责任制，落实在从计划经济到商品经济的实践过程中。尤其在粮食流通体制方面，随着国家逐步取消农产品的统购统销政策、放开大多数农产品价格的落实，市场对农产品生产、流通和消费的调节作用越来越明显，市场价格的波动性特征开始显现，并影响着经济增长的平稳性。

“摸着石头过河”的经济体制改革必然面临价格双轨制的市场化变革。为了能够探索国内统一的商品价格体系，使市场成为配置资源的主要手段，1988 年 2 月，国务院领导指示有关部门研究国外的期货市场制度，以解决国内农产品价格波动问题。同年 3 月，国务院总理李鹏在《政府工作报告》中提出“加快商业体制改革，积极发展各类批发市场贸易，探索期货交易”。

期货市场是现代化金融体系的重要组成部分，是在市场经济高度发展过程中生成的，具备价格发现和风险规避等市场功能。伴随全面市场化改革开放，中国期货市场开始借鉴西方发达市场的成功经验，结合中国实践拉开了“探索期货交易”的序幕。

中国期货市场正式开展期货交易30年来，经过了初期的筹备、试点、治理、整顿和规范，后期多维度的探索、实践和全面发展，期货市场从无到有、从小到大、从无序到规范、从试点到成熟再到全面开放，走上了具有中国特色、具备市场经济功能和国际化定价中心功能的成功之路，实现了金融市场的国际影响力，发现了资本市场的“中国价格”，呈现出“中国特色”。这正是改革开放40多年来中国特色社会主义市场经济建设的重要成果之一。当下，对中国期货市场30年来的各个发展阶段进行回溯、梳理、考察和思考，正是建构更加科学规范、系统完备和运行有效的新时代中国特色社会主义市场经济制度体系所需要的。

1990—1999年：从试点、自由发展到全面治理整顿和规范

引入市场机制是中国改革开放的重要标志，而改革开放初期是中国形成市场机制的关键期。从计划经济到市场经济的关键在于如何解决市场价格问题，为了推进经济体制改革，解决价格双轨制的弊端，1988年3月的《政府工作报告》提出了“探索期货交易”的理念。伴随着这个理念，中国期货市场开始了砥砺前行的初期探索和实践之路。

1989年，国家九部委联合提出在郑州建立国家粮食批发市场。

1990年6月，国务院批准设立中国郑州粮食批发市场，10月12日，中国郑州粮食批发市场正式开业，这是一个有着期货机制雏形的批发市场，也是“中国期货市场发展的一个重要里程碑”。

1991年6月10日，深圳有色金属期货交易所宣告成立。

1991年5月28日，上海金属交易所成立。

1993年2月28日，大连商品交易所成立。

1993年5月28日，郑州商品交易所正式推出标准化期货合约，实现由现货到期货的过渡。

当年诸多国内新闻媒体曾把中国郑州粮食批发市场的开业称为“深化改革新一步”“历史性的创举”。国外新闻媒体也给予了极大关注，第一时间做了报道，尤其是“英国《独立报》竟然以‘资本主义种子在中国萌芽’为标题进行了报道”。① 其实这个时期正是改革开放第二个十年的中国特色社会主义市场经济的起步阶段，中国用实践证明了社会主义国家可以发展市场经济，可以有资本市场，也可以有期货衍生品市场。

中国期货市场初创的近10年间，曾经历了一个相对“野蛮”的生长期：各类交易所遍地开花，投机气氛异常火爆，外盘期货经纪业务极不规范，等等。正如郑州商品交易所前理事长李经谋接受记者采访时所回顾的：“第一波清理整顿前，官方数字显示全国有54家期货交易所，实际上据说有200多家，鱼

龙混杂，泥沙俱下，一些交易所甚至搞假仓单，违规违法。经过清理整顿，期货市场乱象得到遏制，风气大大好转。”② 当时期货市场投机气氛浓厚，很多期货品种动辄连续涨停板或跌停板，风险事件频出，比如1995年的“327”国债期货事件和“319”事件、1996年的苏州“红小豆602”事件、1997年的天然橡胶R708事件、1999年的郑州绿豆合约“1·18”事件等。

因此，伴随着期货市场的相对无序成长和自由发展，国家相关部门不断出台相应措施和法规对期货市场进行整顿和规范。

1993年11月4日，国务院发布《关于坚决制止期货市场盲目发展的通知》，要求坚决制止期货市场盲目发展。

1994年4月28日，第一部地方期货法规——《河南省期货市场管理条例（试行）》出台。

1994年5月16日，国务院办公厅批转国务院证券委员会《关于坚决制止期货市场盲目发展若干意见的请示》，同时，中国证监会陆续暂停了钢材、白糖、煤炭、石油、菜籽油等上市期货品种。

1995年5月18日，国债期货被暂停交易。

1995年10月24日，中国证监会在《关于进一步控制期货市场风险、严厉打击操纵市场行为的通知》中要求各期货交易所完善风险控制制度，禁止资金T+0结算。

1997年被中国证监会确定为“证券期货市场防范风险年”。

1998年8月，国务院发布《关于进一步整顿和规范期货市场的通知》，同时，对期货市场再次进行了整体结构性的整顿和调整：将原有的14家期货交易所撤并为3家，即郑州商品交易所、大连商品交易所、上海期货交易所③；上市品种由35个减少到12个；提高期货公司注册资本金至3000万元，将其数量减少到了180家左右。

1999年6月2日，国务院颁布了《期货交易管理暂行条例》，与之相配套的《期货交易所管理办法》《期货经纪公司管理办法》《期货经纪公司高级管理人员任职资格管理办法》和《期货从业人员管理办法》也相继发布实施。从无序生长到规范健康发展，自此，我们可以看到中国期货市场正式进入了“探索期货交易”试点的新阶段。

中国期货市场探索启程的初期，沐浴着改革开放和中国特色社会主义市场经济政策的春风，在国家领导人的关怀和鼓励下，在试点和规范并行中，在市场作用和政府监管的互动中，第一代期货人在“求真务实、敢闯敢试”④ 的改革精神中，大胆前行，走出了一条具有中国特色的期货交易试点之路，总体概括起来至少具备三大特点。

第一，高层重视与思想解放。从1985年时任国家主席李先念到芝加哥商业交易所参观，到1988年时任国务院总理李鹏在《政府工作报告》中提出“探索期货交易”的理念，再到1992年邓小平同志“看准了的，就大胆地试，大胆地闯”南方讲话精神，又到1996年时任中共中央总书记江泽民视察郑州商品交易所时“要把试点搞好”的指示，以及1998年时任国务院总理朱镕基视察大连商品交易所时“按照‘三公’原则、规范运作”的要求等，可以看到国家高层领导们对开展期货市场试点的重视和关注，国家层面的思想解放，让那个年代不再对期货市场因为“姓资还是姓社”的问题而争论不休。

第二，具有大胆的探索创新精神。从最初国家层面组织的多次调研，到具体交易所上市期货合约的交易规则等细节的反复论证，都是既参照了国际标准，又结合了中国国情，奠定了中国期货交易机制的市场基础：其一，交易技术上的高起点。尽管当时国际上知名的期货交易所大多数都在使用传统的叫价方式，但恰逢计算机技术革命时代，国内期货交易所的交易技术起点就是中央计算机电子化自动撮合系统，不仅有利于期货市场的迅速发展和推广，也避免了当时国内期货市场“法律缺位、经验不足”的缺陷。其二，交易风险控制上的细节化。为了防止市场过度投机，试点之初就实行了涨跌停板制度，在一定程度上达到了对市场过度投机的“洒水降温”作用。其三，交割规则上的创新化。针对部分期货品种的“多逼空”事件频繁发生，交易所从交割制度上着手创新，实行了仓单标准化和无纸化管理，乃至于采用现金交割（差价交割）。其四，风险准备金制度的创立。结合国内期货风险事件的现状，交易所开始设置风险准备金制度，为防控风险做足了准备。

第三，市场自由竞争与国家集中管理的统一性。习近平总书记指出：“使市场在资源配置中起决定性作用和更好发挥政府作用，二者是有机统一的，不是相互否定的，不能把二者割裂开来、对立起来，既不能用市场在资源配置中的决定性作用取代甚至否定政府作用，也不能用更好发挥政府作用取代甚至否定使市场在资源配置中起决定性作用。”⑤ 这恰恰说的就是市场与政府的辩证统一关系。期货市场建设初期的自由竞争程度可谓激烈，从全国各地一哄而上的50多家期货交易所和数百家期货经纪代理机构，到数个期货品种的操纵逼空、违法违规等事件频出就可看到一些端倪。有鉴于此，统一管理机构和措施相继出台。

回顾“探索期货交易”的第一个时期，尽管首次推出国债期货出现了风险事件，尽管市场上最活跃的品种是投机性强的品种，如绿豆、红小豆、豆粕、胶合板、天然橡胶等，但恰恰是这些品种的交易接近于完全自由竞争的市场环境，更有利于期货市场总体机制的形成，为社会主义条件下发展期货市场创造了条件。总之，实践可以出真理论，实践可以有真经验，实践可以走规范化，这是一个具有历史意义的开创性“探索期货交易”试点阶段。

1999—2006年：从逐步规范成熟的商品期货到金融期货的“再起航”

伴随着国家对期货市场的整顿和规范，以及《期货交易管理暂行条例》正式实施，重新整合后的三家期货交易所用留存的12个期货品种，延续了“探索期货交易”历程的珍贵“火种”⑥。

1999年，中国期货市场浴火重生，轻装再出发。

2000年是中国期货市场成立以来交投最低迷的一年，但自此中国期货交易开始步入规范化的制度建设之路。

2001年，中国期货市场迎来历史性发展机遇，实现5年来首次增长。5月，中国证监会、国家经贸委、外经贸部、国家工商局和国家外汇管理局联合发布《国有企业境外期货套期保值业务管理办法》。同月，上海期货交易所、大连商品交易所和郑州商品交易所之间的通信联网取得圆满成功，并正式投入运行。年终统计，全年成交3万亿元，成交量较2000年增长了120.59%。

2002年，期货机构与从业人员管理继续规范化，新品种相继推出。2月，中国证监会重新修订并发布《期货经纪公司高级管理人员任职资格管理办法》与《期货从业人员管理办法》，同时出台的还有《期货经纪公司高级管理人员任职资格审核程序指引》。6月，中国证监会重新修订并发布《期货交易所管理办法》和《期货经纪公司管理办法》。

图1　大连商品交易所大楼

2003年，期货市场活跃度大幅提高，“稳步发展期货市场”写入党的十六届三中全会报告。1月，中国证监会发布了《关于期货经纪公司接受出资有关问题的通知》，取消了非银行金融机构和外商投资企业参股期货经纪公司的限制。3月，优质强筋小麦期货合约在郑州商品交易所上市交易。5月，《期货从业人员执业行为准则》颁布实施。年终统计，国内期货市场成交额为10.84万亿元，成交合约2.80亿手，成交额创出历史新高。随后，3家期货交易所推出了4个新品种。

2005年，国内外双向互动活动不断，期货市场蓬勃发展。（1）3家期货交易所与国外多家期货交易所签署合作谅解备忘录；（2）全国各地举办了多场大规模的期货市场相关方参与的高峰论坛；（3）商务部与香港特区政府达成协议，允许符合条件的内地期货公司到香港经营期货业务；（4）荷兰银行获批取得银河期货股东资格，标志着内地期货业对外开放迈出实质性一步；（5）中国期货业协会首次颁布《期货从业人员后续职业培训大纲》的指引性文件。

2006年，商品期货新品种迭出，探索金融期货交易再“起航”，期货市场进入新的发展阶段。1月6日，白糖期货和豆油等期货品种在郑州商品交易所挂牌交易。3月，中国证监会批准了第一批“走出去”的3家内地期货经纪公司赴香港设立子公司，内地期货经纪公司走向国际，国际金融机构参股国内期货经纪公司。而在国内，首家合资期货公司——银河期货经纪有限公司正式成立之后，中国证监会又批准成立了中信东方汇理期货经纪有限公司和摩根大通期货经纪有限公司等合资期货公司，标志着外资进军国内期货经纪业。4 月，全国人大的《期货交易法》立法程序正式启动，工作小组同时成立。5 月 18 日，中国期货保证金监控中心有限责任公司在北京举行开业典礼，从而为规范期货保证金管理、保护期货投资者合法权益奠定了坚实的基础。8 月，美国芝加哥商业交易所（CME）正式推出全球首个人民币对美元、欧元及日元的期货和期权交易。9 月，新加坡交易所（SGX）上市了中国 A50 指数期货合约，国外交易所纷纷上市中国概念期货产品。9 月 8 日，中国金融期货交易所股份有限公司在上海正式挂牌成立，这是内地成立的第 4 家期货交易所，也是首家金融衍生品交易所，并在 10 月开始了沪深 300 股指期货仿真交易，推出多个新品种且出现中国首创期货品种。12 月 18 日，中国首创的商品期货品种 PTA 在郑州商品交易所上市交易。

这一时期主要呈现出以下 5 个特点：

1. 稳步推进，规范先行。2000 年，全国期货从业人员资格考试开始举行；中国证监会对期货经纪公司营业部的设置实行审批制；全国所有的期货经纪公司注册资本金按照要求“达标”；3 家期货交易所新的章程、交易规则及实施细则经过修订后正式实施；中国期货业协会正式成立，并召开了第一次会员大会，标志着我国期货市场三级监管体系正式建立。随后，九届全国人大四次会议把“稳步发展期货市场”写入“十五”计划纲要，2004 年，国务院发布《关于推进资本市场改革开放和稳定发展的若干意见》，对“稳步发展期货市场”做出进一步阐述和部署。自此，期货市场监管方式逐步走向制度化和规范化，不仅依据《期货交易管理暂行条例》出台了期货市场各相关机构和从业人员的管理办法，也从保护期货投资者合法权益入手，规范投资者保证金账户管理，实施一户一码制度[⑦]，并创新性地在 2006 年设立了中国期货保证金监控中心。

2. 商品期货逐步积累了一定的市场成熟度。这一时期，借助于中国加入世界贸易组织（WTO）后的经济快速发展，大宗商品期货走出 2000 年的最低谷，不断推出新的品种并得到迅速发展。2000 年，修订后的豆粕合约上市。2002 年，国产大豆期货品种——黄大豆 1 号上市交易。2003 年至 2006 年间交易异常活跃，经历了跌宕起伏的市场风险考验，商品期货交易具备了相当水平的市场成熟度，推出多个期货新品种。

3. 探索金融衍生品期货交易进入测试阶段。2006 年中国金融期货交易所正式挂牌成立和沪深 300 指数期货进入仿真测试阶段，对中国期货市场意义非凡，标志着期货交易实践向更广阔更深层次发展。

4. 期货经纪机构双向参与的国际化。我国不仅允许外资参股国内期货经纪公司，而且批准了国内 3 家期货经纪公司赴香港试点，标志着内地期货经纪公司走向了国际期货市场竞争的大舞台。

5. 具有国际影响力的国内外市场双向互动活动常规化。一方面，3 家期货交易所加强国际间互动交流，数年来与国外多家期货交易所签署合作谅解备忘录；

另一方面，从国家高层相关管理机构行业高峰论坛，到基层期货经纪公司与相关企业的互动交流和服务，数年来在全国各地定期举办了许多场大规模的国际期货市场活动。

2006—2019 年：从期货行业的全方位成熟发展到期货衍生品的深度试点和开放

第二阶段的商品期货交易试点是逐步规范和稳步发展的，为中国探索金融期货交易取得了丰富的实践经验。自 2006 年开始，我国期货行业进入全方位探索发展阶段。

2007 年，全国期货市场总成交量达 7.28 亿手，总交易额约为 41 万亿元，分别比上年增长 62.06% 和 95.06%，均创历史新高。

1.《期货交易管理条例》公布，期货机构管理制度规范化。3 月 6 日，国务院公布《期货交易管理条例》，自 4 月 15 日起施行。4 月，中国证监会陆续公布并实施新的《期货交易所管理办法》《期货公司管理办法》《期货公司风险监管指标管理试行办法》《期货公司金融期货结算业务试行办法》和《证券公司为期货公司提供中间介绍业务试行办法》。7 月，中国证监会公布并实施了《期货从业人员管理办法》和《期货公司董事、监事和高级管理人员任职资格管理办法》。11 月，中国证监会向期货公司发出《关于进一步加强期货公司开户环节实名制工作的通知》，要求期货公司在为投资者首次办理开户手续或者申请新的交易编码时，应当采集并保存投资者影像资料。

2. 多个商品期货新品种上市，进一步丰富期货市场。3 月 26 日，锌期货在上海期货交易所上市交易。6 月 8 日，菜籽油期货在郑州商品交易所上市交易。7 月 31 日，线性低密度聚乙烯期货在大连商品交易所上市交易。9 月 11 日，中国证监会批准上海期货交易所上市黄金期货。10 月 29 日，棕榈油期货在大连商品交易所上市交易。

3. 中国金融期货交易所试点工作进一步推进。6 月，中国金融期货交易所发布交易规则及相关实施细则。10 月，中国金融期货交易所批准 10 家期货公司为首批会员，包括 2 家全面结算会员、5 家交易结算会员和 3 家交易会员。

2008 年，全国期货市场交易额达 70 多万亿元，同比增长 75%，创历史新高。

1. 遭遇并经受国际金融危机的考验。国庆节前后，受国际金融危机影响，国内期货品种出现大范围连续暴跌行情，在证监会、交易所、期货公司的共同努力下，较好地化解了这次“百年不遇”的系统性风险。

2. 党中央提出加强农产品期货市场建设。10 月 12 日，党的十七届三中全会通过的《中共中央关于推进农村改革发展若干重大问题的决定》提出“建立现代农村金融制度。加强农产品期货市场建设”⑧。

3. 推行期货公司“首席风险官”制度，并严格投资者实名制。4 月，中国证监会发布《期货公司首席风险官管理规定（试行）》，并自5月1日起实施；严格要求在期货市场推行投资者实名制。

4. 中国金融期货交易所准备工作接近完备。7月，中国金融期货交易所2008年第一次股东大会召开。随后再次修改股指期货规则，包括价格限制制度、季合约的熔断机制以及强制减仓等方面。

2009年，重要事项主要有以下4个。

1. 商业银行成为黄金期货交易会员。3月7日，中国银监会发布《关于商业银行从事境内黄金期货交易有关问题的通知》，允许符合一定条件的商业银行从事境内黄金期货交易业务，并规定须以成为期货交易所会员的方式从事境内黄金期货交易业务，实行事后报告制。

2. 多个商品期货品种上市交易。3月27日，钢材期货（包括螺纹钢和线材）在上海期货交易所上市。4月20日，早籼稻期货在郑州商品交易所上市。5月25日，聚氯乙烯（PVC）期货在大连商品交易所上市。

3. 期货公司开始分类监管。8月19日，中国证监会正式公布《期货公司分类监管规定（试行）》，并自9月1日起施行。[⑨]

4. 成交量和保证金规模创历史新高。年底期货市场总成交量约为21.6亿手，成交额约为130.5万亿元，较上年分别增长58.18%和81.48%，创历史新高。同时，市场保证金规模突破1000亿元，投资者开户数量接近90万户。

2010年是中国期货市场从量的扩张向质的提升转变的关键时期，主要表现在以下四个方面。

1. 股指期货正式上市交易。4月16日，沪深300股票指数期货合约在中国金融期货交易所挂牌交易。

2. “稳步发展期货市场”被列入“十二五”规划中。

3. 商品期货纳入基金专户产品投资范围。在《基金管理公司特定客户资产管理业务试点办法》及其配套规则的修订中，将商品期货纳入了基金专户产品的投资范围。

4. 期货市场规模扩张迅速。“全年共成交期货合约31亿余手，成交额达308万亿元，同比分别增长45.22%和136.51%。其中，上市8个多月的股指期货共成交合约9126万手，累计成交额达81万亿元。年内，市场保证金一度超过2000亿元，单一期货公司客户保证金一度超过100亿元。同时，期货公司纷纷增资，资本金实力大幅提高。”[⑩]

2011年，重要事项主要有以下4个。

1. 完成了对2007年《期货交易管理条例》的部分修改并公开征求意见。此次修改主要包括：明确了“期货交易”的定义，删去了有关“变相”期货交易的规定；进一步完善了期货交易制度的一些具体规定；规定地方政府查处取缔非法期货交易场所的职责。

2. 期货公司的期货投资咨询业务被放行。《期货公司期货投资咨询业务试行办法》自5月开始实施，首批14家期货公司获得期货投资咨询业务资格，标志着该业务正式开展。

3. 期货新品种稳步推进。3月24日，铅期货在上海期货交易所上市。4月15日，焦炭期货在大连商品交易所上市。10月28日，甲醇期货在郑州商品交易所上市。至此，国内期货市场已上市交易26个商品期货品种和1个金融期货品种。

4. 放宽限制，机构客户陆续进入期货市场。为了适应机构投资者参与期货交易的需要，证监会12月就《期货市场客户开户管理规定》公开征求意见并修改，从开户环节解决了各类机构客户的入市障碍，促进各类合规机构客户进入期货市场。

2012年，可以说是期货公司的业务拓展年，主要表现在以下四个方面。

1. 期货公司资产管理业务正式放行。9月，开始实施《期货公司资产管理业务试点办法》。11月，首批18家期货公司获得资产管理业务牌照。

2. 准许期货公司设立风险管理子公司。《期货公司设立子公司开展以风险管理服务为主的业务试点工作指引》于12月22日正式发布，这标志着期货公司的业务范围进一步拓宽，可通过设立子公司的方式为实体企业提供仓单服务、合作套保、定价服务、基差交易等风险管理服务。

3. 交易手续费和市场监管费大幅下降。6月和9月，国内4家期货交易所先后两次大幅下调既有期货品种交易手续费，证监会向4家交易所收取的市场监管费标准也大幅降低。

4. 品种创新提速，新品种成熟期缩短。白银、玻璃期货分别于5月11日和12月3日上市。12月28日，菜籽和菜粕期货上市。国债期货上市准备工作基本就绪。出现了品种培育和成熟期明显缩短的特点。[11]

2013年是期货市场全面深度发展年，主要表现在以下五个方面。

1. 国内期货市场多品种集中发力上市。焦煤、动力煤、石油沥青、铁矿石、鸡蛋、粳稻、纤维板、胶合板8个商品期货品种和国债期货1个金融期货品种分别上市，至此，国内期货市场上市品种数量增至40个。

2. 多品种引入“夜盘”连续交易。7月，上海期货交易所黄金、白银期货连续交易率先上线，紧接着铜、铝、锌、铅期货品种也推出连续交易方式，顺应了实体经济国际化的现实需求。

3. 上海国际能源交易中心挂牌成立。11月22日，上海国际能源交易中心股份有限公司在上海自贸区正式挂牌，标志着国际原油期货平台筹建迈出关键一步。

4. 六大期权产品仿真交易接连被推出。郑州商品交易所、大连商品交易所、中国金融期货交易所、上海期货交易所、上海证券交易所面向全市场先后推出了白糖期货期权、豆粕期货期权、沪深300指数期权、铜期货期权、黄金期货期权和个股期权的仿真交易。

5. 光大证券乌龙指事件引发期货内幕交易被处罚。8月16日上午11时左右，光大证券在进行ETF申赎（量化）套利交易时发生乌龙事件，光大证券高管层紧急商定卖空股指期货合约、转换并卖出ETF以对冲风险。证监会认为，光大证券此举没有进行信息披露，已构成内幕交易行为，据此没收光大证券违法所得并处以5倍罚款，并对相关责任人采取终身证券及期货市场禁入措施。

2014年，重要事项主要有以下4个。

1. 新“国九条”发布，绘就期货市场创新发展蓝图。5月9日发布的《国务院关于进一步促进资本市场健康发展的若干意见》（新“国九条”）突出扶持和创新，提出“拓展期货市场”，这对推动我国期货市场转型升级和功能发挥具有里程碑意义。9月，证监会发布了《关于进一步推进期货经营机构创新发展的意见》，以增强竞争能力、服务实体经济为主线，对期货经营机构创新发展重点提出了八大举措。

2. 上市多个品种，首个国际化品种原油期货获批。国内期货品种创新步伐稳步推进，先后上市了晚籼稻、铁合金、聚丙烯、玉米淀粉、热轧卷板5个期货品种。12月12日，证监会批复同意上海期货交易所在其国际能源交易中心开展原油期货交易。

3. 国内期货业并购重组潮迭起，除了券商背景的并购期货公司以外，还出现了两家银行控股的期货公司。

4. 期货公司资产管理业务和风险管理子公司业务进一步大松绑。8月的《期货公司设立子公司开展以风险管理服务为主的业务试点工作指引（修订）》及配套文件，在原有的四项基础业务之上，新增了做市、自主设计场外期权产品、参与掉期交易等业务。12月的《期货公司资产管理业务管理规则（试行）》发布，放开了“一对多”业务。

2015年，金融期货多品种上市，股市波动引发股指期货被管控。主要表现在以下四个方面。

1. 国内先后上市了多个期货品种。除了镍、锡等有色期货品种外，上证50ETF期权、10年期国债、上证50指数、中证500指数4个金融衍生品最为抢眼，其中，上证50ETF期权的推出拉开了我国期权市场发展的序幕。

2. 股指期货遭遇史上最严厉管控。6月至8月的股市大级别急速下跌，使股指期货陷入舆论旋涡，为抑制过度投机、加强异常交易监管，监管层从8月开始逐步加大对股指期货的管控，最终的高倍保证金和限仓措施导致所有股指期货交易量大幅萎缩并维持地量水平。

3. 期货行业“走出去”步伐加快。除了又有8家期货公司获准在香港设立子公司外，还有期货公司获准在美国设立全资子公司，而且，由上海证券交易所、德意志交易所集团、中国金融期货交易所共同出资成立的中欧国际交易所在德国法兰克福开业，是国内交易所国际化战略进展的重要标志。

4. 期货公司获准进入银行间债券市场。中国期货业协会于4月中旬发布通知，明确期货公司及其资产管理产品可以进入银行间债券市场。此举进一步拓宽了期货公司自有资金和资产管理产品的投资渠道，是支持期货公司做优做强的重要举措之一。[12]

2016年，重要事项主要有以下3个。

1. 股指期货市场熔断机制暂停实施。1月初，沪深300指数先后多次触发二次熔断机制，导致国内A股和股指期货暂停交易至收市。实践证明，这个机制不适应中国市场环境，随后上海证券交易所、深圳证券交易所、中国金融期货交易所分别发布通知，自1月8日起暂停实施指数熔断。

2. 监管机构联手抑制期货市场过度投机。以黑色系品种为代表的大宗商品价格先后出现两波强势上涨行情，部分品种交易量快速增加。为配合政府调控，

图 2 上海期货交易所交易大厅

维护期货市场平稳运行，在证监会的指导下，期货交易所对部分品种的交易手续费、保证金标准和涨跌停板幅度进行了调整，要求会员单位做好风险防范工作，提醒投资者理性投资，并推动资管产品账户信息报备。随着政策“组合拳”作用的显现，相关品种交易热度下降，市场运行逐渐平稳。⑬

3. 白糖、豆粕商品期货期权被批准交易。12 月 16 日，证监会宣布，批准郑州商品交易所、大连商品交易所分别开展白糖、豆粕期权交易，相关准备工作预计需要 3 个月左右，具体挂牌时间另行公布。这标志着我国商品期货市场将步入期权时代，涉农企业风险管理工具将进一步丰富。

2017 年，重要事项主要有以下 3 个。

1. 进入期权时代：豆粕、白糖期权正式上市交易。豆粕期权 3 月 31 日和白糖期权 4 月 19 日先后在大连商品交易所和郑州商品交易所成功上市。11 月，我国首个工业品期权品种——上海期货交易所铜期货期权立项申请获批。期权的推出是“探索期货交易”之路的深度发展，标志着我国期货市场正式进入期权时代。

2. 商品期货品种进一步推出，多个中国首创品种的研发和立项在加快。棉纱期货和苹果期货先后在郑州商品交易所挂牌交易，棉纱期货结合已经上市的棉花期货、PTA 期货，共同形成了相对完备的纺织原料期货品种体系。苹果期货是全球首个鲜果期货品种，而纸浆期货、红枣期货也获准立项，尿素等品种的研发工作基本完成。

3. 证券期货投资者适当性制度正式实施。7 月 1 日，《证券期货投资者适当性管理办法》正式实施，适当性制度由金融期货市场推行至整个资本市场。6 月 28 日，中国期货业协会发布《期货经营机构投资者适当性管理实施指引（试行）》，为期货经营机构设置了一系列义务及其相应责任，同时为投资者提供了相应的选择权，充分体现了对投资者的尊重和保护。⑭

2018 年，呈现出全面开放的特点，主要表现在四个方面。

1. 期货市场对外开放进程加快。3 月 26 日，原油期货成功上市，允许境外投资者参与。5 月 4 日，人民币计价的铁矿石期货对国际投资者正式开放，下一步计划在 PTA 期货上引进境外投资者。

2. 中国期货市场国际定价影响力逐步提升。目前国内期货市场产生的价格信息从上海、郑州、大连发出，通过大量参与交易的产业客户、机构客户，为市场协定价格提供有效的参考，扩大和提升了国际市场影响力，汇聚成为国际市场公认的“中国价格”。

3. 期货经纪机构“引进来”与“走出去”同步推进。一方面，期货公司“走出去”取得了很大的成绩，截至 9 月底，已有 19 家期货公司设立了境外子公司；另一方面，期货业对外开放的大门进一步打开。8 月 24 日，《外商投资期货公司管理办法》正式发布实施，符合条件的外商持有境内期货公司的股份可达到 51%，且 3 年后持股比例将不受限制。

4. 工业品期权产品成功上市。9 月 21 日，我国首个工业品期权铜期权在上海期货交易所正式挂牌交易。可以说 2018 年的全面开放，预示着中国“探索期货交易”的未来之路正在走向全面国际化。

2019 年，中国期货市场高速发展。主要表现在四个方面。

1. 成交量从连续两年下降转为大幅增长，成为仅次于 2016 年的历史第二高点。在全球场内衍生品市场中，中国 4 家期货交易所的成交量排名稳中有升，在农产品、金属类品种的成交量排名中，前三名均来自中国期货市场。金融期货市场成交量增长近 1.5 倍。

2. 上市品种最多。全年上市了 15 个期货品种，包括 7 个商品期货品种、7 个商品期权品种及首个金融期权品种，即沪深 300 股指期货期权。

3. 加快国际化开放进程。对外开放品种逐步扩容，达到了 4 个品种，国际影响力稳步提高。多举措推动跨境业务的开展，包括跨境监管合作方面，证监会积极加强与各国监管机构的合作。

4. 夯实法治基础，法律法规体系进一步完善。《期货法》立法进入全国人大的立法程序；中国证监会发布《境外证券期货交易所驻华代表机构管理办法》，把境外期货交易所代表处纳入监管；《期货公司监督管理办法》《期货公司信息技术管理指引》《期货从业人员资格管理规则》（修订案）等市场规范化的法律法规出台。⑮

期货市场30年发展的五大特点

伴随着改革开放的滚滚洪流，中国期货市场运行30年的历程可以说成绩斐然：截至2019年底，在市场主体上，包括3家期货交易所和1家金融期货交易所，75个期货品种和10个期权品种；150多家期货公司和下设的数十家风险管理子公司和资产管理子公司。在市场规模上，商品期货总成交量已经连续多年居世界第一，金融期货的影响作用也在逐步显现；截至2017年9月，“行业总资产达5500余亿元，全市场资金总量和投资者分别为4900多亿元和120多万个”[16]。站在经济哲学的视角，回顾这一从试点探索到商品期货逐步成熟，再到全方位、有着市场深度走向全面开放的发展历程，可以概括出中国期货市场30年发展的五大特点。

1. 中国特色社会主义期货市场的务实性和创新性。这一时期，期货市场坚持稳中求进的发展理念，数十个与实体产业生产相关的商品期货和与金融市场相关的金融期货开始上市交易，党的十八大以来，结合国家供给侧结构性改革措施和发展需要，取得了更加可喜的成绩。不仅实现了与国际期货市场接轨的相关主流期货品种的成功上市，如有色金属（铅、锌、镍等）、黑色系（螺纹钢、焦炭等）、化工（塑料、甲醇等）和相关农产品（晚籼稻、玉米淀粉等），而且首创了中国特色的诸多商品期货品种，如PTA、PVC和苹果等。以自身特有的市场建构模式，发出“中国声音”，产生“中国价格”，发挥“中国影响”的市场指导性作用，从而，实现了习近平总书记在2017年全国金融工作会议上所指出的：“发挥市场在金融资源配置中的决定性作用”[17]。

2. 体现期货功能的“中国实践”成熟度。建构中国期货市场的初心之一就是充分发挥期货市场的套期保值功能以对冲市场不确定性风险，促使相关企业能够稳定经营和转型发展并提高核心竞争力，从而促进国民经济健康稳定发展。“全球500强企业中，94%的企业都积极利用期货市场套期保值和管理风险。对我国企业而言，随着规模体量日益增大和参与国际竞争，利用期货为企业的生产经营上一份‘保险’成为大型企业、国际化企业稳健发展的必然选择。”[18]经历了2008年国际金融危机和随后全球中央银行量化宽松政策所带来的市场冲击，很多大型企业都会根据自身发展的需要进行套期保值。2017年7月召开的全国金融工作会议提出了“以服务实体经济为核心”的金融发展理念，这也是期货市场发展模式的“中国方案”。只有紧紧围绕服务实体经济的主线，才能强化资本金融和实体产业的融合与互动，才能引导和培育实体企业在供给侧结构性改革的大背景下，更好地利用期货避险功能和定价作用，优化产业结构，提升社会整体效益。这样一个“以服务实体经济为核心”的期货市场发展“中国方案”，恰恰证明了中国期货市场的成熟度在逐步提高。

3. 中国期货市场发展具备了双向开放性。党的十九大报告指出：“开放带来进步，封闭必然落后。中国开放的大门不会关闭，只会越开越大。”[19]中国期货市场从最初的几个国际化商品期货的“探索期货交易”试点开始，到既能“请进来”国外金融机构参股国内期货公司，又能“送出去”一批批国内期货公司去参与国际市场竞争，再到国内交易所并购参股一些国外交易所的经营，又到部分商品期货保税交割试点全面展开，又到原油、铁矿石和PTA等运行成熟的商品期货品种逐步引入境外交易者的设计和落实，中国期货市场正在走向全面开放。在这个过程中，4家期货交易所分别与国外多家期货交易所签署谅解备忘录，“与金砖国家交易所深化金融衍生品市场联系，深入参与世界交易所联合会、国际证监会组织、全球期货业协会、国际掉期与衍生品协会等国际组织治理，不断提升国际影响力与话语权”[20]。

4. 体现“中国智慧”期货监管模式的有效性。从国内期货市场发展初期的法律制度相对缺乏，到1999年《期货交易管理暂行条例》的出台并多次修订，再到2007年《期货交易管理条例》公布实施，期货机构管理制度进一步规范化。尽管目前中国期货市场的《期货法》仍没有出台，但以国务院发布的《期货交易管理条例》等相关行政法规为核心，证监会发布的《期货交易所管理办法》等部门规章和规范性文件为主体，期货交易所、中国期货业协会制定的自律管理规则等为重要组成部分的制度规范体系，尤其是在2006年成立的中国期货市场监控中心，具有明显的中国特色和“中国智慧”的独创性。“从而确立了中国证监会、派出机构、期货交易所、中国期货市场监控中心和中国期货业协会‘五位一体’的期货监管工作机制。”[21]国内期货市场近几年来没有发生大的风险事件的实践经历，证明了这个国际化兼具“中国智慧”的期货监管模式的有效性。

5. 中国期货市场具备了系统性风险的耐受性。至少表现在以下三个方面。

（1）经受了“百年不遇”的国际金融危机的考验。面对国际金融危机引发的系统性风险事件，面对国际市场恐慌所带来的国内期货品种大范围连续暴跌行情，从国家高层到交易所再到期货经纪机构的市场相关各方较好地应对了“百年不遇”的风险事件，积累了处理系统性风险事件的宝贵经验。

（2）经受了全球流动性过剩的巨大冲击。为应对国际金融危机的冲击，全球中央银行分别实施了量化宽松政策，所带来的流动性过剩的金融资本冲击波及全球资本市场，尤其是大宗商品期货市场，国内期货市场在跌宕起伏的市场波动中，持续稳定发展，积累了成功的经验。

（3）经受了股市波动对股指期货的严峻考验。2015年6月至8月的股市大幅度急速下跌，导致金融期货市场面对空前的舆论压力，国家高层能够审时度势，逐步加大对股指期货的管控，高倍保证金、高额手续费和限仓等措施下股指期货大幅降温，为金融期货的进一步探索实践留下了“火种”，包括后期对熔断机制的暂停措施，都为未来继续探索发展金融期货交易奠定了坚实的实践基础。

余论

详细回顾中国期货市场 30 年发展历程，总结和思考期货交易实践的中国经验和教训，从而更好地面向未来，建设全面开放的具有全球定价中心作用的成熟的中国期货市场，这是我写本文的初衷。不过仍有两点未及展开思考，作为余论提出。

第一，正确认识期货功能与投机者的关系。建立期货市场的初心是实现期货功能，目的是进行市场风险的再分配。而期货衍生品交易本质上是“零和游戏”，要实现风险的对冲必须有大量市场风险的承载者——投机者。投机者的市场作用非常重要，但整个社会对投机者的认识仍较肤浅，更多的是“道德批判”式先入为主的投机者为“恶”的偏见，需要加以说明和矫正。投机者是“恶”还是“美”的化身，一直争论不断，有人说期货市场投机者是受贪婪和恐惧驱使的寄生虫、利己主义者、欲望的奴隶，必须把投机的“恶”的野兽关进笼子，而有人说期货投机是良性的、市场经济不可或缺的、重要的工具，能够发现价格，“抑制投机会让资本主义失去活力”[22]。这样的争论和政策实施在“管制”与“放任”之间摇摆，可以说充斥了整个金融发展史：当发生金融危机时，投机者被大众指责为麻烦的制造者，要严加管制；当经济萧条时，经济学家呼吁市场需要放松管制，需要投机者成为市场的驱动力。正所谓“一放就乱，一管就死”！在这样左右摇摆的实践中逐步产生了当代金融制度，但是新的创新会衍生出新的麻烦制造者，继续走入两个极端的争议中。因此，必须认识到，只有足够的期货投机者参与市场交易，才能保证有足够的流动性去实现风险分散，这是期货市场发挥其功能的重要手段。作为对过度投机的管控，目前国内期货交易所已经开始用保证金和手续费的差异化手段，来鼓励长期投资、抑制短期投机，让更多的短期投机者成为更长期的投资者，不失为一种用市场化手段来解决这个顽疾的有效方法。

第二，必须认识到金融监管与行政管制的区别。金融自由与金融监管是伴生的，出现在金融市场发展每个环节。前者追求自由意志的极致化，后者注重的是金融市场的稳定性，金融发展史正是对两者孰重孰轻实践的历史化过程。一些市场规则执行者缺乏对市场规则的尊重，法治意识不强，误以为金融监管就是行政管制，用投机者这样负面的标签化观念去解决现实中的难题，过度使用行政手段，出现了“有法不依”的行政干预。当市场出现风险事件时，不是综合分析事件的缘起和根本矛盾，而是简单地采用行政手段，看似有一定的短期效果，但长期来看，积累的风险可能在未来带来更大的风险，不利于中国国际金融中心地位的形成。比如 2015 年股市波动所带来的对金融期货的严格限制和管制，就不利于中国金融市场的定价权形成，反而有助于境外金融衍生品市场的主导地位形成（新加坡的 A50 股指期货、CME 的中国指数的衍生品的替代作用极有可能成为主导力量）。这是中国想成为国际金融中心所必须解决的观念性问题。中国人民大学教授吴晓求指出：“金融市场、资本市场应该是全球的新的国际金融中心，我认为这是全球大国的核心要素。如果资本市场不是全球的金融中心，不是全球的财富管理中心，我也不认为这是大国金融。”[23] 所以，中国想实现大国金融地位，从观念上到市场监管都一定要用市场法律、法规和市场化手段来处理风险问题，而不是用简单武断的行政干预来处理风险问题。

经过 30 年期货交易的实践，中国期货市场由无序进入了规范化、法治化的稳定发展道路，趋于成熟化并进入全面开放、经济功能日益显现的良性轨道，并保持较高的国际影响力。2013 年 8 月习近平总书记视察大连商品交易所时发出“脚踏实地、大胆探索，努力走出一条成功之路”思想号召[24]，正引领着中国期货市场从 30 年的大胆探索的不平凡历程，走向更加成熟、更加辉煌、更加成功的未来。■

■ 作者简介

申唯正，经济学博士，上海应用技术大学讲师，浙江师范大学国家治理研究院研究员、马克思主义学院政教系副主任，香港直达国际金融服务有限公司董事、高级顾问。1993 年进入期货市场，曾任多家期货公司高管。主要研究领域：经济哲学、马克思主义哲学、中国特色社会主义政治经济学。开设的主要课程：“马克思主义与社会科学方法论”“马克思主义政治经济学概论”“毛泽东思想和中国特色社会主义体系概论”等。

■ 注释

① 王伟 . 郑商所发展亲历者系列专访丨于无声处听“经谋”（上）[N]. 期货日报，2018-08-03.

② 王伟 . 郑商所发展亲历者系列专访丨于无声处听“经谋”（下）[N]. 期货日报，2018-08-10.

③1999 年 5 月 4 日，由上金所、上商所、上粮所合并组成的上海期货交易所试营运，它是我国第三家期货交易所。

④ 曲德辉，李靖琴 . 郑商所发展亲历者系列专访之一——常清：期货市场试点出台始末 [N]. 期货日报，2018-07-13.

⑤ 习近平谈治国理政 [M]. 北京：外文出版社，2014：117.

⑥ 这一时期后，具有一定交易规模的品种主要集中在大豆、铜、小麦。在此之前，最活跃的期货品种是郑州绿豆，其在 1999 年 1 月出现了风险事件，持仓清零处理，再次交易又出现风险事件，后因管理层将保证金提高到了 20% 而趋于边缘化。最后，2009 年 5 月 5 日中国证监会签发《关于同意中止绿豆期货交易的批复》，绿豆期货品种退市。

⑦ 自 1999 年 9 月 1 日起施行的《期货交易管理暂行条例》第三十六条规定：“期货经纪公司应当为每一个客户单独开立专门账户、设置交易编码，不得混码交易。”这是从法规上明确俗称的“一户一码”制度，针对的是期货经纪公司混码交易的弊端。

⑧ 中共中央关于推进农村改革发展若干重大问题的决定 [N]. 人民日报，2008-10-20.

⑨ 期货公司分类是指以期货公司风险管理能力为基础，结合公司市场影响力和持续合规状况，将期货公司分为 AAA、AA、A、BBB、BB、B、CCC、CC、C、D、E5 类 11 个级别。分类评价每年进行一次，分类监管评审结果将成为确定期货公司新业务试点范围和推广顺序的依据以及期货公司申请增加业务种类、新设营业网点等事项的审慎条件。在 2009 年的评审中，165 家期货公司 A、B、C、D、E 类公司数量分别为 18 家、37 家、81 家、28 家、1 家。

⑩ 2010 年国内期市十大新闻 [N]. 期货日报，2011-01-04.

⑪ 2013 年期货市场十大新闻 [N]. 期货日报，2014-01-02.

⑫ 2015 年国内期市十大新闻：股指期货遭遇史上最严厉管控 [N]. 期货日报，2016-01-04.

⑬ 2016 年国内期市十大新闻 [N]. 期货日报，2017-01-03.

⑭ 2017 年国内期市十大新闻 [N]. 期货日报，2018-01-02.

⑮ 详见上海期货与衍生品研究院发布的《2019 年度中国期货市场发展报告》。

⑯ 中国证监会期货监管部 . 脚踏实地　大胆探索　为中国期货市场走出一条成功之路 [N]. 中国证券报，2017-09-28.

⑰ 习近平 . 全国金融工作会议讲话 [N/OL].[2017-07-15]. 新华社 .

⑱ 中国证监会期货监管部 . 脚踏实地　大胆探索　为中国期货市场走出一条成功之路 [N]. 中国证券报，2017-09-28.

⑲ 习近平 . 决胜全面建成小康社会　夺取新时代中国特色社会主义伟大胜利——在中国共产党第十九次全国代表大会上的报告 [M]. 北京：人民出版社 .2017：34.

⑳ 中国证监会期货监管部 . 脚踏实地　大胆探索　为中国期货市场走出一条成功之路 [N]. 中国证券报，2017-09-28.

㉑ 中国证监会期货监管部 . 脚踏实地　大胆探索　为中国期货市场走出一条成功之路 [N]. 中国证券报，2017-09-28.

㉒ 爱德华・钱塞勒 . 金融投机史 [M]. 姜文波，译 . 北京：机械工业出版社，2013.

㉓ 吴晓求 .“一带一路”与中国的大国金融构想 [J]. 政治经济学评论，2015（7）.

㉔ 习近平寄语大交所：脚踏实地大胆探索 [EB/OL].[2013-08-29]. 新华网 .

证券市场百花齐放共争艳 金融机构雨后春笋气象新

吴言涛

1978 年实行改革开放后，市场经济日趋活跃，1984 年，上海出现了企业向职工集资用于与外地企业联营或兴办第三产业的热潮。例如，上海造纸机械厂得悉广西来宾盛产甘蔗，当地甘蔗主要用于榨糖，对蔗渣利用不高，于是向职工筹资 80 万元，增产两台卫生纸机，与来宾厂家联营，将蔗渣作为生产原料，变废为宝，双方都取得高额利润。有家水暖商店向职工集资 12500 元，以“沪东实业开发股份董事会”的名义与原协作单位启东新港水暖五金厂联营，也取得良好效益。

当时有不少企业集资兴办第三产业或搞横向联营，固然是为了搞活经济，还有一个重要原因是想以集资盈利提高职工福利，以致出现对职工入股保本保息、亏损由企业股承担的条款，甚至出现职工两年后退股但仍继续享受红利分配 30 年的情况。例如，某县物资局兴办开达综合贸易中心，资本金为 5 万元，其中职工集资 19600 元，该中心依靠其特殊的背景条件，在短短两个月内获得六笔贷款共计 140 万元，从事倒卖汽车、钢材活动，转手获得暴利，对入股职工以奖金、加班费、岗位津贴等名义发放了占股金 96% 比重的红利。有家供应站集资兴办三产后，将一些物资赊给三产销售后结算货款，三产不需资金即可获得丰厚的利润分红，实际上侵占了国企利益。这种不正之风开始蔓延，危及市场稳定局面。

有鉴于此，1984 年初，作为金融市场管理机构的中国人民银行上海分行在李祥瑞行长领导下，决定果断采取对策，组建具体管理的职能部门——金融行政管理处（以下简称金管处），并从管理证券化集资着手，由副行长罗时林起草制定了《关于发行股票的暂行管理办法》，上海市政府于 8 月 10 日以沪府办发〔1984〕58 号文批转公布施行。随后中国人民银行上海分行又补充发布了《发行股票十问》，进一步规范集资行为。作为当时金管处负责股票债券审批事宜的干部，笔者接待了前来排队咨询和申请发行股票的企业人员。当年 9 月，第一家申报定向集资内部发行股票并获批的企业是华宁实业公司，它是由中国工商银行上海长宁区办事处信托分部上报金管处的。同年11月，上海飞乐音响公司制定了定向集资内部发行的章程，经中国工商银行上海静安区办事处信托分部初审后上报金管处，但在申报的同时，分部即派员上门收款，并将部分个人股未经批准流向社会，成为第一家部分由内转外发行股票的企业。1985年1月，延中实业公司成为第一家经中国人民银行上海分行审核批准向社会公开集资发行股票的企业。

此外，当时除市百一店、十店发行礼券外，社会上还出现了擅自发行变相货币的热潮，不少商店和单位的小卖部、食堂都纷纷自行印制代价券、提货券卖给单位作为职工福利。甚至还出现了某区工人俱乐部下属戏剧组的沪剧小组几个人擅自发行彩票筹措资金的怪事！

为了维护安定团结的局面，维护市场繁荣稳定，1985年1月29日，在上海市政府新闻处主持的新闻发布会上，中国人民银行上海分行行长李祥瑞发布了有关加强金融行政管理的通知，对发行股票、礼券、彩票、购货券等都做了明确严格的规定，并授权金管处对贯彻实情进行检查，对违规行为进行处罚。此通知以沪银金管〔1985〕5006号文的形式发至各区县人民政府、市属各主管局、各专业银行等。《人民日报》及上海市《解放日报》《文汇报》《新民晚报》都刊发了通知内容，各方反应强烈，行动迅速，收效显著。

随着市场金融形势的发展，金管处与时俱进，先后又起草了《乡镇企业筹集资金的若干具体规定》《关于企业集资和融通资金的若干规定》等多项法规，并与上海市工商局联合做出查验注册资金的规定。这一系列法规经批准均公布施行。

截至1986年底，一批小型集体企业以定向集资、内部发行为主发行证券，先后有809家企业发行股票共计10795万元，有739家企业发行债券共计13950万元。

经过3年的探索，上海不再为股票是姓社还是姓资的问题争议，发行股票的作用得到了公众的肯定，于是某些国有企业也萌发了向社会集资、充实资金的念头。中国人民银行上海分行与市体改办商议，决定开展试点工作，规定凡是要求建立股份制的国企应先报市体改办审批，经批准后再向中国人民银行上海分行申请发行股票。1987年1月，出现了第一家由国企改制而来的上海真空电子器件股份有限公司，以及以后的大飞乐和豫园商场。此外，原先在川沙县发行的申华电工和原定向集资、内部发行的爱使电子和小飞乐在增资扩股时均转为向社会公开发行。

与此同时，金管处还审批了锦江（集团）联营公司发行债券5000万元、上海石油化工总厂发行30万吨乙烯工程首期债券1.4亿元、上海无线电四厂发行企业短期融资券1000万元……各家银行除争取代理发行外，自身也不甘寂寞，先后发行了金融债券和可转让大额存款证。当时有价证券发行品种和数额激增，形成百花齐放共争艳的形势。

1984年第一只股票发行时就规定了股票可以委托代理发行的银行信托分部办理转让与抵押借款。在1986年9月中国工商银行静安区办事处信托分部试点柜台交易的基础上，自 1987 年 1 月 15 日起，上海全面推行《证券柜台交易暂行规定》。至此，上海证券发行市场和交易市场都实现了较为规范的运作。各地来沪取经的单位甚多，为此，笔者根据 3 年多来的实践，汇总整理编写了全国第一本股票债券实务著作《上海的股票和债券》，由上海社会科学院出版社出版并向全国发行，介绍上海的经验，以供各地借鉴。

正当证券品种、数额激增，以人工、个别、实物买卖的柜台交易已不适应需要时，李祥瑞和我又先后奉调筹建交通银行总行由北京迁到上海复业事宜。此后，金管处再也没有审批过公开向社会发行的股票。

在时任上海市市长朱镕基的关怀下，中国人民银行调来了龚浩成、尉文渊等人负责着手筹建上海证券交易所。1990 年 12 月，上海证券交易所正式鸣锣开业，证券交易迈上了电子化大道。当时上市的 8 只股票（俗称“老八股”）除浙江凤凰外，其余 7 只都是在 1987 年以前由金管处审批的。上海证券交易所从零起步，艰辛经营 30 年，今天其上市公司数量、股票市值和股民队伍都达世界前列！

与证券市场同步改革开放的还有金融机构。

随着中国人民银行专职执行中央银行职能，原各县区办事处、分理处、储蓄所全部划归新建的中国工商银行和中国农业银行。接着，交通银行复业，上海浦东发展银行、华夏银行、光大银行等相继开业，一大批其他金融机构，如太平洋保险公司、锦江财务公司、爱建金融公司、上海信托投资公司、国际租赁公司以及申银证券、万国证券、海通证券三家证券公司先后建立。笔者又参与第一、第二家川南、豫园城市信用社的建立，接受市委组织部委托参与筹建黄河信用社并担任理事。城市信用社广泛建立后，由中国人民银行上海分行原副行长陈远高为首组建了联社，以后改组为合作银行，后又更名为上海银行。金管处还审批了复兴东路邮局第一家开办储蓄业务，如今已发展为遍布全国各地的邮政储蓄银行。此外，外资银行业先后开设分行或参股中资银行。为适应形势需要、打破外企垄断，新组建了对企业信用和债券信用进行评级的远东资信评估公司、新世纪评估公司和中诚信评估公司等，并组建由龚浩成任会长、笔者任秘书长的中华资信评估联席会。此外，为满足对企业财务报表进行审计的需要，组建了沪银等多家会计师事务所，这些机构如雨后春笋般涌现。

随着中国外汇交易中心成立、上海黄金交易所开业，以及专职监管机构证监会、银监会、保监会建立并分别承担相关职能，中国人民银行原有的金融行政管理职能也胜利完成了历史使命。改革开放后，日新月异的上海正阔步向建设世界金融中心迈进！■

■ 作者简介

吴言涛，中国人民银行上海分行原金融行政管理处副处长。主要著作有《上海的股票和债券》等。高级会计师、中国注册会计师、中国注册审计师。

1990年报纸上的上海证券交易所

金星

1990年11月14日，经国务院授权，中国人民银行批准建立上海证券交易所。11月26日，上海证券交易所召开成立大会暨第一次会员大会。12月19日，上海证券交易所正式开业，这是改革开放以来在内地开业的第一家证券交易所。①

三十年来，上海证券交易所秉持“至诚至公、全球融通”的文化价值观和“高效、透明、稳健、服务、进取、奉献”的监管服务理念，主动服务国家改革开放大局，创造了诸多第一，在丰富直接融资工具、提高直接融资比重、支持实体经济发展、建立多层次资本市场体系、完善资本市场监管体系、服务国家发展战略等方面发挥了重要作用。

上海证券交易所为什么在那个时期建立？其是不是新中国第一家证券交易所？开业时是怎样的？针对这三个公众比较感兴趣的问题，虽已有若干文章进行过探讨，但笔者决定重新翻开1990年的报纸去寻找更鲜活的答案。

在报纸的选择上，依据权威性和可获取的标准，笔者主要遴选了全国性的《人民日报》《参考消息》，当时上海的三大报《解放日报》《文汇报》《新民晚报》，以及香港的《大公报》，也查阅了部分《深圳特区报》和《华尔街日报》。对于有数据库的报纸，用“证券”“股票”“债券”等关键词进行检索；对于无数据库的报纸，用手工翻阅的方式进行查找。这样做虽然难免存在遗漏，但从累计采集的近200条相关信息中，依然可以再现1990年上海证券交易所的初生。

一

上海证券交易所因市场需求而生，因浦东开发而生，因改革开放而生。

翻开1990年的报纸，经常能看到证券公司和证券营业部的广告，以及发行债券的通告，仅11月的《解放日报》就发布了8家不同企业的短期融资券发行通告，此外还能看到不少证券知识类书籍的出版，以及股票投资咨询会、证券业务班、证券知识大赛的举办，甚至还有酒家开设证券知识早茶。5月8日《新民晚报》刊文《证券交易进入寻常家庭 1981年以来全国证券发行量达1500亿元》。5月28日《新民晚报》的新闻《今年全国将发行证券430亿元 发展证券市场国际研讨会在沪开幕》中提及“上海已成为中国最大的证券交易中心”。6 月 28 日《参考消息》转载了日本《东京日报》的报道《上海和深圳出现股票热》。9 月 17 日《解放日报》刊文《我国证券公司已有卅家　发行证券一千四百多亿元》。12 月 13 日《文汇报》文章《上海证券交易市场日趋成熟》的副标题为“今年头十个月证券交易量已达 22 亿元，证券市场开始成为企业融资与投资的大舞台”。12 月 19 日《解放日报》报道《上海证券交易所今天开业》列出一组数据：“从 1984 年到目前为止，本市已有 2700 多家企业发行了债券和股票，包括在上海发行的国债，证券总量已达 100 多亿元，在市场上流通的各种证券达 30 多种，成交量累计 30 多亿元，已形成全国规模最大的柜台交易市场。”12 月 21 日《参考消息》转载日本《世界周报》的文章《中国出现证券市场热》也列出一组数据：“1989 年底，各种证券的发行额已经达到 1449 亿元。1990 年还发行总额达 430 亿元的各种债券，其中国债为 285 亿元。”“中国已经批准 34 家证券公司，有近 400 家信托投资公司在证券市场设立了证券交易台。”

从以上信息中能感受到，随着 20 世纪 80 年代国债、企业债、金融债，以及股票的重新出现和发展，到了 1990 年，各类证券已初具规模，公众投资意愿强烈。但由于当时证券交易较为分散，监督管理尚不完善，非法交易时有发生。2 月 1 日《新民晚报》刊文《取缔非法倒卖　开辟交易网点　本市加强证券市场管理》，4 月 26 日《新民晚报》刊文《非法倒卖证券六人团伙落网》，5 月 2 日《新民晚报》刊文《公债证券不能私下交易　奉劝市民谨防受骗上当》，9 月 19 日《解放日报》刊文《股东惜售股票　黑市矛盾上升》，12 月 6 日《解放日报》发布《关于取缔有价证券非法交易活动的通告》。

“非法倒卖”“私下交易”“黑市矛盾”等问题不少，改革开放后新生的证券市场亟待统一与规范，1990 年，金融市场的完善和发展正在推进中。1 月 20 日《新民晚报》报道《上海街头将出现证券交易所》

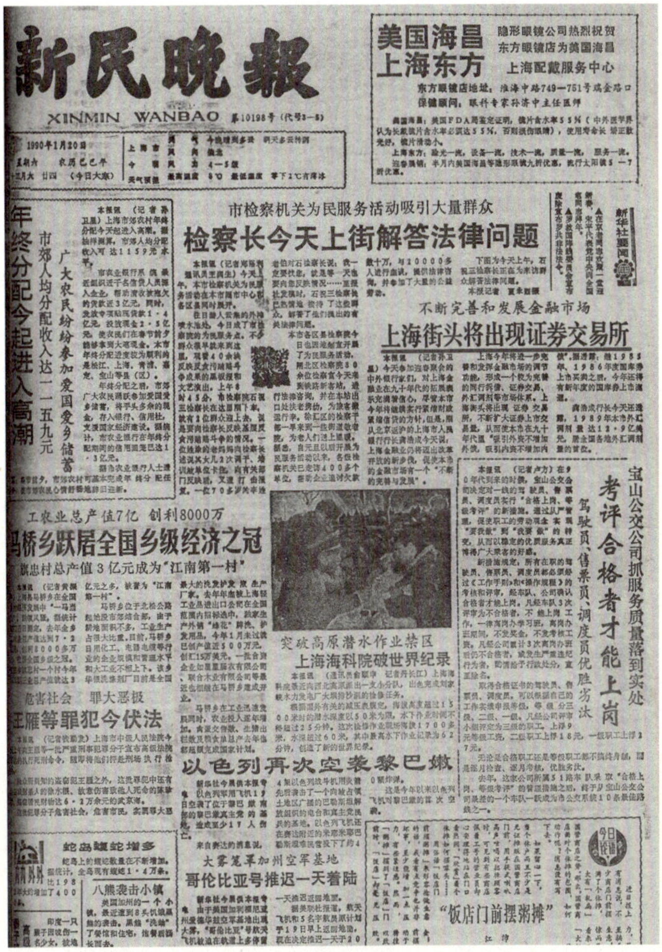
新民晚報
XINMIN WANBAO
1990年1月20日
美国海昌 上海东方
市检察机关为民服务活动吸引大量群众
检察长今天上街解答法律问题
年终分配今起进入高潮
市郊人均分配收入达二一五九元
广大农民纷纷参加爱国爱乡储蓄
不断完善和发展金融市场
上海街头将出现证券交易所
宝山公交公司抓服务质量落到实处
考评合格者才能上岗
工农业总产值7亿 创利8000万
马桥乡跃居全国乡级经济之冠
突破高原潜水作业禁区
上海海科院破世界纪录
以色列再次空袭黎巴嫩
哥伦比亚号推迟一天着陆
“饭店门前摆粥摊”

图 1　1990 年 1 月 20 日《新民晚报》报道《上海街头将出现证券交易所》

（见图1），其副标题为“不断完善和发展金融市场”。3月27日《文汇报》新闻《上海年内建立证券交易所》，其副标题为“以国债交易为主，并为形成全国统一的国债交易市场创造条件”，强调“金融界人士指出，目前国库券交易中存在着地区分割的状况，使黑市交易有机可乘。因此必须促进统一交易市场尽快形成，从而有效地保护市民的投资利益，同时加强中央银行调控宏观经济的能力”。11月6日《人民日报》刊文《运用证券市场来筹资》，在全国部分省市

人民日报
RENMIN RIBAO
圆满结束对马来西亚菲律宾老挝斯里兰卡访问
李鹏总理离科伦坡回到海口
维杰通加总理等到机场送行
今年我国农业全面丰收
粮食创新纪录总产可达4．2亿吨 棉花可达425万吨
绝大多数农产品完成了“七五”计划指标
李鹏谈中国形势和国际问题
在结束访问前接受电视台记者采访
国防科工办主任会议在京结束
江泽民杨尚昆等会见与会代表
振兴京剧的盛举
全国政协主席会议决定
政协常委会下月举行
将听取制订十年规划等报告
我国金融市场发展完善重要标志
上海证券交易所正式开业
开市半小时就成交49笔
杨尚昆参观军转民高技术出口展
明年全国范围继续清理三角债
至11月底已清理三角债1500亿元
新闻简报

图2 1990年12月20日《人民日报》报道《上海证券交易所正式开业》

的证券市场发展研讨会上，“专家们认为，证券市场最规范、最标准、最有效率的方式就是交易所，只有在证券交易所的竞价过程中，才可保证证券交易实现公平、公正、公开的原则，使得社会资金这一生产要素得到合理的配置”。12月3日《解放日报》刊文《从股价波动看上海股票市场的周期性发展》，在“清醒认识、认真对待股市发展中出现的问题”中建议“完善市场管理，在即将正式开业的上海证券交易所中，应加强对股票交易的管理”。12月20日《人民日报》报道上海证券交易所开业的新闻，直接将标题定为《我国金融市场发展完善重要标志 上海证券交易所正式开业》（见图2）。

可见，上海证券交易所因市场需求而生，上海证券交易所的开业是我国金融市场发展完善的重要标志。

1990年以前的上海，还是改革开放的“后卫”，承担着服务大局的重要任务，自身发展在负重前行中面临诸多困境，城市基础设施欠账累累，种种问题日益突出，上海亟待振兴。1990年4月18日，时任国务院总理李鹏代表党中央、国务院宣布同意加快浦东开发的决定。同年，上海证券交易所成立，是时间上的巧合吗？

5月25日《参考消息》转载香港《南华早报》的报道《浦东开发计划雄心勃勃》，提及“外国投资者也将获准发行股票和债券，并拿这些证券在中国和海外做交易”。7月17日《参考消息》又转载该报的报道《朱镕基谈上海开发计划》，提及“上海将在今年年底以前开设第一家股票交易所”。8月9日《参考

消息》转载香港《文汇报》的文章《浦东集资五管齐下》，提及“通过市场来融资，包括如何让债券股票在市场上流通”。10 月 16 日《新民晚报》新闻《上海证券交易所即将开张　有关法规和章程已经拟定》强调“建立上海证券交易所是开发、开放浦东，改善上海投资环境，完善社会主义市场机制的重要措施”。11 月 26 日《新民晚报》报道《上海证券交易所今成立　将于下月十九日正式开张营业》（见图 3），再次强调“今天诞生的上海证券交易所是开发、开放浦东，改善上海投资环境，完善社会主义市场机制的重要动作”。12 月 19 日《文汇报》新闻《上海证券交易所今开业》中，引用了上海证券交易所首任理事长李祥瑞的话：“上海证券交易所的开业，标志着上海的证券交易已进入了新阶段，它对于振兴上海，开放开发浦东，引进外资都会起很好的作用。”12 月 20 日《解放日报》（见图 4）、《文汇报》（见图 5）和香港《大公报》（见图 6）在报道上海证券交易所开业典礼时均突出时任上海市市长朱镕基的讲话，其中强调上

新民晚报
XINMIN WANBAO
1990年11月26日
一九九〇年秋季沪产、优质、节能锅炉及辅机订货会
地球共同体国际讨论会开幕
宋健上午作重要讲话　朱镕基等出席
上海证券交易所今成立
将于下月十九日正式开张营业
肝癌导向治疗通过鉴定
本市表彰民族团结进步先进
工会经济技术活动深入发展
全国总工会在沪总结经验
郊县推广现代农业技术
全国歌剧观摩演出结束
政治解决柬埔寨问题草案
将用导弹报复入侵

图 3　1990 年 11 月 26 日《新民晚报》报道《上海证券交易所今成立　将于下月十九日正式开张营业》

解放日报
JIEFANG RIBAO
1990年12月 20
上海 童涵春堂 总店
转变观念确保房改初战必胜
争当主人 参加讨论 群策群力 完善方案
江泽民杨尚昆会见与会代表
李鹏总理回到海口
上海证券交易所举行开业典礼
朱镕基会见香港朋友
18名演员获白玉兰奖殊荣
房改讨论是所大学校
沪港时装模特联袂登台

图 4　1990 年 12 月 20 日《解放日报》报道《上海证券交易所举行开业典礼》

文匯報
WEN HUI BAO
上海证券交易所昨开张
朱镕基参加开业典礼并讲了话
李鹏总理昨回到海口
白玉兰奖昨颁奖
旋牌杯戏剧小品征稿评奖揭晓
我国农业今年又获全面丰收
浦东将崛起远东最大"钻石城"
苏南农业的希望之光
合资建设轿车项目

图 5　1990 年 12 月 20 日《文汇报》报道《上海证券交易所昨开张》

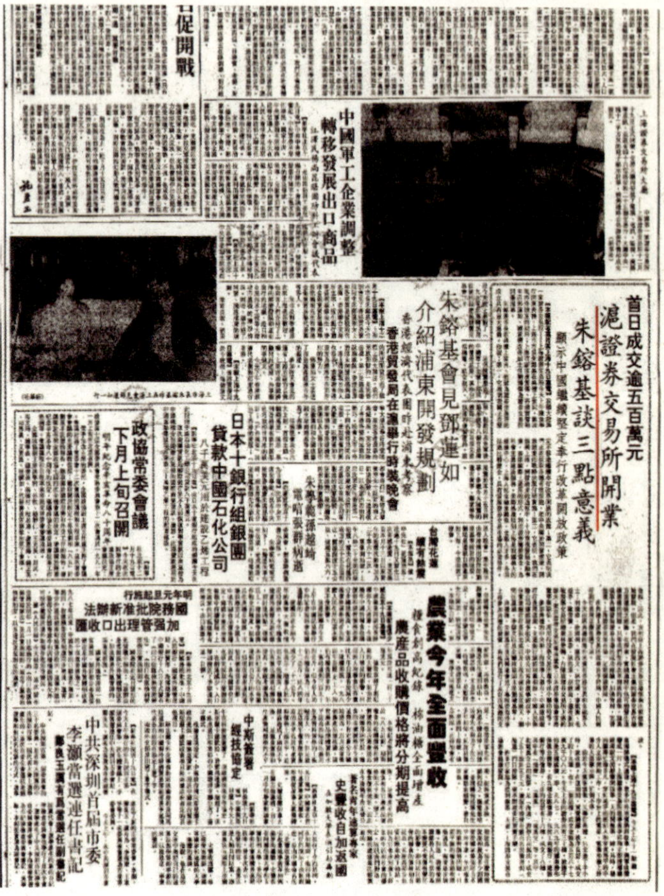
首日成交逾五百萬元
滬證券交易所開業
朱鎔基談三點意義
朱鎔基會見鄧蓮如
介紹浦東開發規劃
中國軍工企業調整轉移發展出口商品
日本十銀行組銀團貸款中國石化公司
政協常委會議下月上旬召開
農業今年全面豐收
中共深圳首屆市委 李灝當選連任書記

图 6　1990 年 12 月 20 日香港《大公报》报道《沪证券交易所开业》

海证券交易所的成立“表明我们正在采取各种有效措施，把中央关于开发浦东、开放浦东的战略决策付诸实施”“它表明我们在振兴上海、开发浦东的过程中，十分重视发展金融事业，采取国际上通用的形式，利用证券筹措资金为社会主义建设服务”。

可见，上海证券交易所因浦东开发而生，上海证券交易所的开业是浦东开发开放战略付诸实施的具体举措。

1990 年的中国，面临着某些西方国家封锁制裁的严峻挑战，国内生产总值（GDP）增速一度降到 4%以下，通货膨胀率升至 18%。包括金融改革在内，进行了十多年的改革开放亟待新的突破。金融改革具有标志性的举措是证券交易所的建立。

1 月 3 日《参考消息》转载日本《国际贸易》的文章《中国发行债券股票的成果与课题》，提到“债券和股票促进了中国经济的发展，在深化金融改革方面起到了积极作用”。5 月 31 日《文汇报》刊发了“发展证券市场国际研讨会”的新闻《发展证券市场 推进金融改革》，提到“国家体改委副主任刘鸿儒昨天说，当前我国金融改革的重点是发展证券市场”。9 月

3日《解放日报》刊登了时任上海市体改办主任贺镐圣的文章《上海体制改革须有重大突破》，提到“发展各类要素市场，尤其是证券交易市场”。同时刊登的时任上海经济研究中心总干事侯旅适的文章《振兴上海的四大战略任务》提到“开办证券交易所，发展证券市场，增加债券和股票的上市量”。10月15日至17日，《解放日报》连续报道了上海金融国际研讨会，时任中国人民银行副行长陈元在讲话中强调“在金融改革中，上海的金融业也做了许多探索，在一定程度上起到先锋的作用”。“作为中央银行的中国人民银行，一直关注着上海金融业的发展进程，在金融机构设置、资金管理体制、金融市场组织等方面给予了特殊的安排”。中外代表们围绕上海金融体制的改革和发展展开了热烈讨论，提到“研究关于证券买卖的问题，采用世界通用的证券交易方式”。11月28日至30日，《参考消息》连续三天转载日本《日本经济新闻》的报道《中国开放经济政策迎来新局面》，提及“将设立证券等作为‘经济润滑油’的各种各样的事务所”。12月17日《解放日报》新闻《金融体制改革研讨会在上海召开》提到金融专家们“就金融机构的设立、金融宏观调控的方法、金融市场的作用等问题进行热烈的讨论。”“专家们饶有兴趣地向上海人民银行行长龚浩成那里了解更多关于上海证券市场的信息”。12月19日《解放日报》新闻《上海证券交易所今天开业》提到“交易所的建立是我国改革开放的成果”“其将对中国、对上海的经济体制改革和发展发挥重大影响”。12月20日《解放日报》《文汇报》和香港《大公报》在报道上海证券交易所开业典礼时均突出时任上海市市长朱镕基的讲话，其中强调上海证券交易所的成立“表明我国正在坚定不移地继续执行改革开放的政策”。12月21日《参考消息》转载新加坡《联合早报》的报道《中国对外开放向成熟及纵深发展》，提到华东沿海地区“金融改革已先行一步，证券市场日趋活跃，也为扩大开放创造了条件”。12月24日《参考消息》转载香港《南华早报》的文章《改革开放使上海恢复了活力》，提到“上海于本月开办证券交易所”。12月30日《人民日报》理论版刊登时任国务院研究室主任袁木撰写的文章《探索有中国特色社会主义的证券市场》，强调“发展证券市场是发展社会主义商品经济、深化经济体制改革和扩大对外开放的重要内容”。

可见，上海证券交易所因改革开放而生，上海证券交易所的开业向世界发出了中国改革开放将坚定不移地向前推进的强烈信号。

二

上海证券交易所是改革开放以来在内地诞生的第一家证券交易所。

上海证券交易所成立的11月26日前后和开业的12月19日前后，所有被查询的报纸在相关报道中均使用了“第一”或“首家”等词语。11月27日香港《大公报》新闻《沪成立证券交易所》（见图7）提及“上海证券交易所将于十二月十九日正式开幕，成

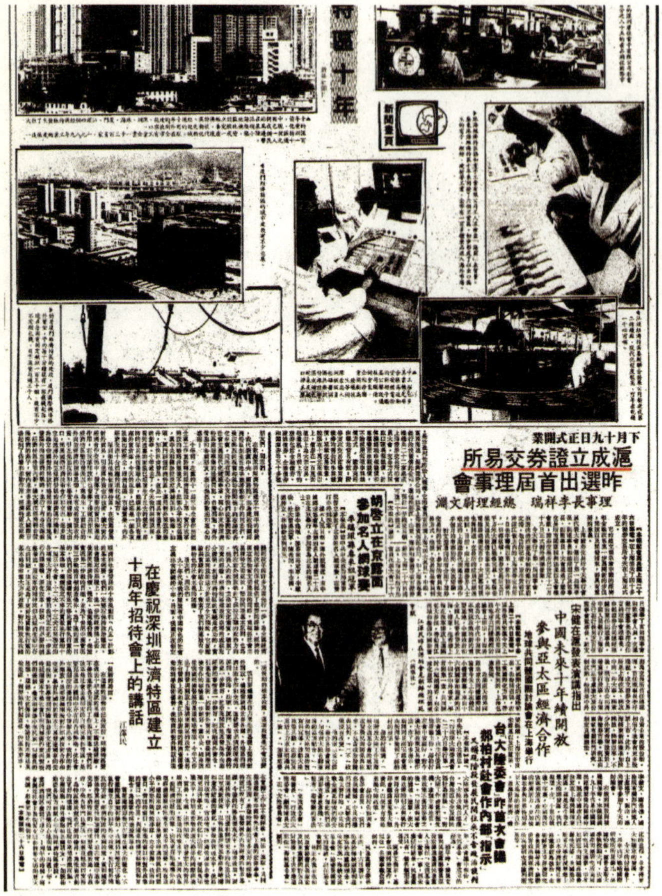
下月十九日正式開業
滬成立證券交易所
昨選出首屆理事會
理事長李祥瑞 總經理尉文淵
在慶祝深圳經濟特區建立十周年招待會上的講話

图 7　1990 年 11 月 27 日香港《大公报》报道《沪成立证券交易所》

联合也是调整
河北永清县
对乡镇预算外资金实行统管
全国公路客运网基本形成
农大校长和他的农民朋友
建国以来大陆第一家
上海证券交易所成立
经理爱打"小九九"

图 8　1990 年 11 月 27 日《人民日报》报道《上海证券交易所成立》

为中国首家证券交易所”。11 月 26 日《新民晚报》新闻《上海证券交易所今成立　将于下月十九日正式开张营业》中提及“在大陆上绝迹了 40 余年的证券交易业率先在黄浦江畔复苏，令人瞩目的上海证券交易所于今天正式成立”。11 月 27 日《人民日报》新闻《建国以来大陆第一家　上海证券交易所成立》（见图 8）“经国务院授权，由中国人民银行批准建立的上海证券交易所，今天正式宣布成立。这是建国以来大陆上出现的第一家证券交易所”。11 月 27 日《解放日报》新闻《销声匿迹四十年　于今又有第一家　上海证券交易所宣告成立》提及“新中国第一家证券交易所——上海证券交易所，经国家有关领导部门日前批准，昨天在上海宣告成立”。11 月 27 日《文汇报》新闻《新中国诞生后的第一家证券交易所　上海证券交易所昨天成立》提及“新中国诞生后的第一家证券交易所——上海证券交易所，经中国人民银行批准，昨天宣告成立，将于下月十九日在浦江饭店底楼正式开张营业”。12 月 18 日《新民晚报》新闻《引起海内外政治、经济界极大关注　上海证券交易所明开业》提及“令人瞩目的上海证券交易所的诞生，引起海内外政治界、经济界、舆论界的极大关注，海外大批记者涌抵本市报道即将开业的上海证券交易所新闻”。12月20日《人民日报》新闻《我国金融市场发展完善重要标志　上海证券交易所开业》提及“中国大陆第一家证券交易所——上海证券交易所，今天（12月19日电）上午举行开业典礼”。12月20日《文汇报》新闻《中外金融界人士相聚黄浦江畔　上海证券交易所昨日开张　朱镕基参加开业典礼并讲了话》提及“宣告新中国大陆第一家证券交易所正式对外营业”。12月20日《深圳特区报》发布相关新闻的标题为《新中国成立以来第一家　上海证券交易所开业》（见图9）。12月21日《参考消息》转载德国《法兰克福汇报》的报道《德报评述上海开设证券交易所》（见图10），提及“上海打算再次成为亚洲的华尔街，这种要求并不过分，12月19日将朝这个方向迈出第一步。第一家按照国际标准工作的交易所将在外滩开张营业”。

上述对上海证券交易所成立和开业的描述可以归为“中国首家”“中国大陆第一家”“新中国第一家”“新中国大陆第一家”四种，哪一种描述最客观呢？在中国资本市场的发展历程中，1882年成立的

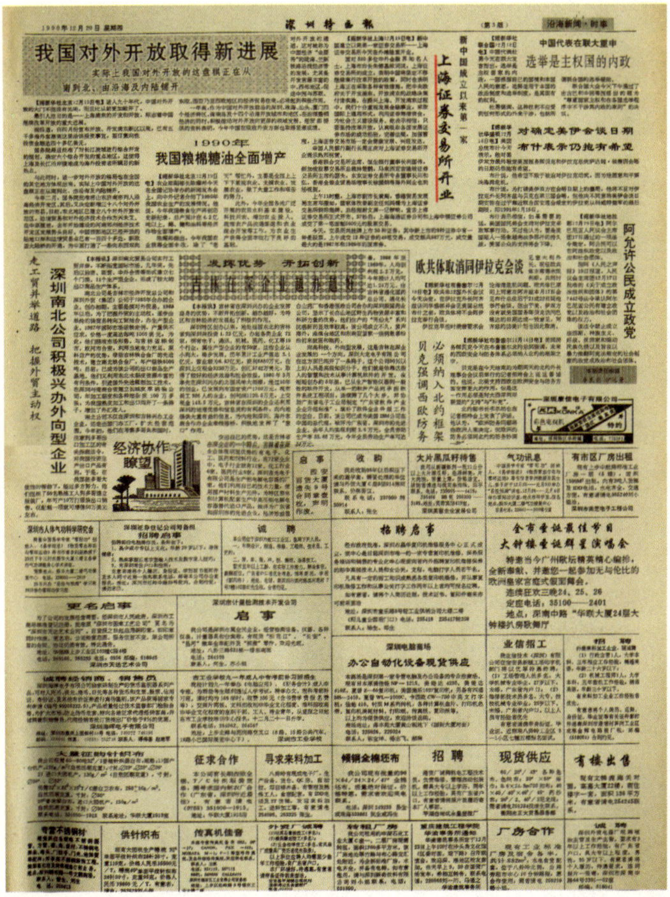
深圳特区报
我国对外开放取得新进展
上海证券交易所开业
选举是主权国的内政
1990年 我国粮棉糖油全面增产
欧共体取消同伊拉克会谈
深圳南北公司积极兴办外向型企业
阿允许公民成立政党

图9　1990年12月20日《深圳特区报》报道《新中国成立以来第一家　上海证券交易所开业》

·2·　参考消息　1990年12月21日 星期五
新加坡《联合早报》载文认为
中国对外开放向成熟及纵深发展
中国出现证券市场热
德报评述上海开设证券交易所
北京开通证券交易自动报价系统
西方外交官认为这是一个里程碑
张学良访谈录
台湾《联合报》报道
日广播协会电视台访问张学良内幕

图10　1990年12月21日《参考消息》转载德国《法兰克福汇报》报道《德报评述上海开设证券交易所》

上海平准股票公司已开始有组织的证券市场交易；1918年北洋政府农商部批准设立北京证券交易所；1949年4月，中国人民银行天津分行发布成立天津市证券交易所的公告；1950年2月，经中国人民银行总行报请政务院财政经济委员会同意设立的北京证券交易所正式开业。可见，上述四种描述均有瑕疵。综合时间因素——中华人民共和国成立初期短暂存在的天津证券交易所和北京证券交易所，以及地域因素——香港联合交易所于1986年合并运行，"改革开放以来在内地诞生的第一家证券交易所"是对上海证券交易所更精准的描述。

三

上海证券交易所从成立之初就建立了会员大会、理事会、监事会、总经理室的组织架构，开业当天成交1030万元。

上海证券交易所成立的11月26日前后和开业的12月19日前后，被查询的相关报纸介绍了上海证券交易所的组织架构、交易大厅、开业当天的交易情况等。12月19日《文汇报》刊登《上海证券交易所简介》，向公众介绍上海证券交易所"为会员制的事业法人，现有会员二十五个。""会员大会为最高权力机构；理事会为日常事务决策机构，由理事九人组成，其中理事长、副理事长、总经理三人为常务理事，监事会由监事四人组成，设监事长、副监事长各一人；总经理为法定代表人，主持日常工作。"11月27日《解放日报》新闻《销声匿迹四十年　于今又有第一家　上海证券交易所宣告成立》报道了相关组织的首任负责同志："昨天经代表们投票选举，交通银行董事长李祥瑞、上海申银证券公司总经理阚治东分别兼任正副理事长，市人民银行副行长周芝石、市财政局副局长程静萍分别兼任正副监事长，尉文渊出任总经理。"从以上信息中可以看到1990年上海证券交易所的组织架构与现在基本相同。

最初的交易大厅仅470多平方米，有46张交易桌。12月9日《新民晚报》，刊文《不见硝烟的激战——上海证券交易所参观记》，较为详细地描述了最初交易大厅的样子："进入470多平方米的交易大厅，顿觉眼前一亮；头顶上9盏大灯，映照着拱弧形的天花板、猩红色的地毯。""环顾四周，只见经纪人的工作台整齐地排列着，一数有46张，可容纳92个经纪人同时竞价交易。每张工作台上都有一台电脑，均与中介经纪人工作台上的电脑联网。""每个经纪人工作台上都有2架电话机。""上海证券交易所招牌已经耸立在外白渡桥畔，被高楼上的霓虹灯映衬得格外醒目，吸引着许多路人仰首凝视。"

开业当天，黄菊、邓莲如、刘鸿儒揭牌，尉文渊敲锣。12月20日《人民日报》报道《我国金融市场发展完善重要标志　上海证券交易所开业》记载了揭牌和敲锣的情况："上午11时，当上海市副市长黄菊、香港贸发局主席邓莲如、国家体改委副主任刘鸿儒一起揭下蒙在黄浦路15号门口上海证券交易所铜牌上的红绸时，上海证券交易所理事长李祥瑞授权总经理尉文渊在交易大厅敲响了正式开市的第一锤。"12月

20 日《人民日报》描述了开业当天的现场情况：“朱镕基市长与来宾们一起步入交易大厅浏览。只见大厅里，身穿红马甲的经纪商、黄马甲的中介人忙个不停，双手飞快地操作着工作台上的电脑，大型电脑牌显示装置上闪烁着各档证券开盘、成交的价格，变化迅速。这里的电脑是与外界联网的。”12 月 21 日《解放日报》特稿《第一声铜锣》还提到有来自美国、英国、日本、法国、我国香港等“100 多位应邀参加开业仪式的海外著名银行家、证券家们”。

开业当天，有 30 个上市品种，成交额达 1030 万元。12 月 16 日《解放日报》发布《上海证券交易所公告（1990 年第 1 号）》（见图 11）称“上海证券交易所于 1990 年 11 月 26 日成立，并将于 1990 年 12 月 19 日上午 10:30 正式对外营业”，并刊登了首批挂牌交易的证券品种：3 只国债、8 只股票、4 家公司的企业债券、4 家银行的金融债券。12 月 20 日《人民日报》还介绍了开业当天的上市品种和成交情况：“今天上市 30 个品种的证券。上午第一笔成交的是上海电真空公司股票 50 手，面额总值 5000 元；下午第一笔成交的是上海石化总厂一期企业债券 40 手，面额总值 4 万元。”同日《解放日报》新闻《上海证券交易所举行开业典礼》也介绍了相关情况：“上市品种共 30 种，其中有 9 种证券是第一次露面，从上午 11 时到 11 时 30 分收盘时，债券、股票共成交 49 笔，金额达 587.9008 万元。引人注目的是在交易仅半小时的前市中，成交的品种有 12 种，其中债券有 9 种，而债券中成交最活跃的是国债，5 个品种都有买卖。”

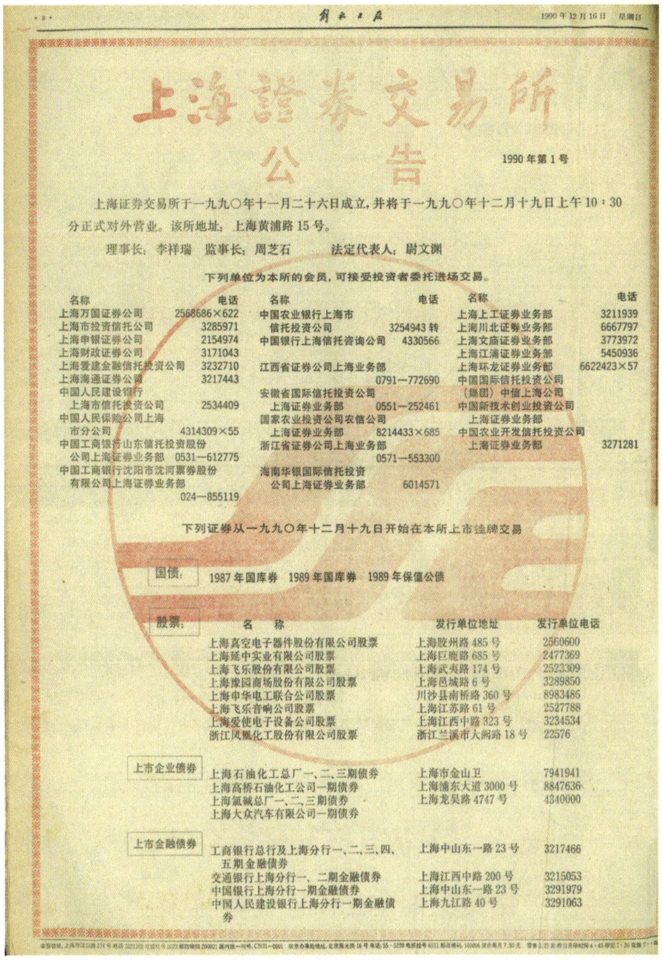
·8· 解放日报 1990 年 12 月 16 日 星期日

上海證券交易所

公告

1990 年第 1 号

上海证券交易所于一九九〇年十一月二十六日成立，并将于一九九〇年十二月十九日上午 10：30 分正式对外营业。该所地址：上海黄浦路 15 号。

理事长：李祥瑞　监事长：周芝石　法定代表人：尉文渊

下列单位为本所的会员，可接受投资者委托进场交易。

名称	电话	名称	电话	名称	电话
上海万国证券公司	2568686×622	中国农业银行上海市信托投资公司	3254943 转	上海上工证券业务部	3211939
上海市投资信托公司	3285971	中国银行上海信托咨询公司	4330566	上海川北证券业务部	6667797
上海申银证券公司	2154974	江西省证券公司上海业务部	0791—772690	上海文庙证券业务部	3773972
上海财政证券公司	3171043	安徽省国际信托投资公司上海证券业务部	0551—252461	上海江浦证券业务部	5450936
上海爱建金融信托投资公司	3232710	国家农业投资公司农信公司上海证券业务部	8214433×685	上海环龙证券业务部	6622423×57
上海海通证券公司	3217443	浙江省证券公司上海业务部	0571—553300	中国国际信托投资公司（集团）中信上海公司	
中国人民建设银行上海市信托投资公司	2534409	海南华银国际信托投资公司上海证券业务部	6014571	中国新技术创业投资公司上海证券业务部	
中国人民保险公司上海市分公司	4314309×55			中国农业开发信托投资公司上海证券业务部	3271281
中国工商银行山东信托投资股份公司上海证券业务部	0531—612775				
中国工商银行沈阳市沈河票券股份有限公司上海证券业务部	024—855119				

下列证券从一九九〇年十二月十九日开始在本所上市挂牌交易

国债：1987 年国库券　1989 年国库券　1989 年保值公债

股票：

名称	发行单位地址	发行单位电话
上海真空电子器件股份有限公司股票	上海胶州路 485 号	2560600
上海延中实业有限公司股票	上海巨鹿路 685 号	2477369
上海飞乐股份有限公司股票	上海武夷路 174 号	2523309
上海豫园商场股份有限公司股票	上海邑城路 6 号	3289850
上海申华电工联合公司股票	川沙县南桥路 360 号	8983486
上海飞乐音响公司股票	上海江苏路 61 号	2527788
上海爱使电子设备公司股票	上海江西中路 323 号	3234534
浙江凤凰化工股份有限公司股票	浙江兰溪市大阏路 18 号	22576

上市企业债券

上海石油化工总厂一、二、三期债券	上海市金山卫	7941941
上海高桥石油化工公司一期债券	上海浦东大道 3000 号	8847636
上海氯碱总厂一、二、三期债券	上海龙吴路 4747 号	4340000
上海大众汽车有限公司一期债券		

上市金融债券

工商银行总行及上海分行一、二、三、四、五期金融债券	上海中山东一路 23 号	3217466
交通银行上海分行一、二期金融债券	上海江西中路 200 号	3215053
中国银行上海分行一期金融债券	上海中山东一路 23 号	3291979
中国人民建设银行上海分行一期金融债券	上海九江路 40 号	3291063

图 11　1990 年 12 月 16 日《解放日报》发布《上海证券交易所公告（1990 年第 1 号）》

同日，《文汇报》文章《铜锣敲响之后——记上海证券交易所开业第一天》还记录了第一笔交易情况：“昨天上午 11 点零 57 秒，第一笔‘电真空’股票在申银和海通两家公司成交，成交价为 365.70 元，只花了 57 秒时间。”《解放日报》记者见闻《上海证券交易所第一天》介绍了首笔买卖人：“谁是建国以来首家证券交易所首场交易中首笔买卖的幸运儿呢？下午记者电话追踪采访。得知这 50 手股票的买主是委托人中排在第一位和第二位的两先生。据了解。那位 1

号张姓市民于昨晨6时到申银公司去委托按市价买进40股股票，他如愿以偿了；那位2号姓顾的市民要求买进20股，但只能满足10股。”

12月19日《新民晚报》报道《令人瞩目的第一槌——上海证券交易所开张纪实》介绍了部分股票的开盘价：“豫园股票开盘价是470.7元，电真空股票开盘价是365.7元，申华公司股票开盘价是327.9元，延中股票开盘价是176.5元，飞乐音响公司股票开盘价是305元。”第二日，《新民晚报》报道《上海证券交易所行情——开张第一天成交1030万元》介绍了全天交易额和股票成交价：“上海证券交易所昨天开张第1天成交1030万元，其中股票351万元。”“成交的股票是真空电子、延中实业、飞乐音响、凤凰化工，成交价分别比开盘价上升18.3元、8.8元、20元和10元。”

开业当日，《解放日报》刊登了《热烈祝贺上海证券交易所开业》整版广告（见图12），列出了上海证券交易所的6项业务范围和54家祝贺单位。美国摩根士丹利投资银行也在该报上刊登了《祝贺上海证券交易所开幕》的半版广告。

过去，报纸是了解中国和世界的窗口；如今，过去的报纸是历史研究的重要载体。翻开30年前的报纸，可以重温1990年上海证券交易所的初生。■

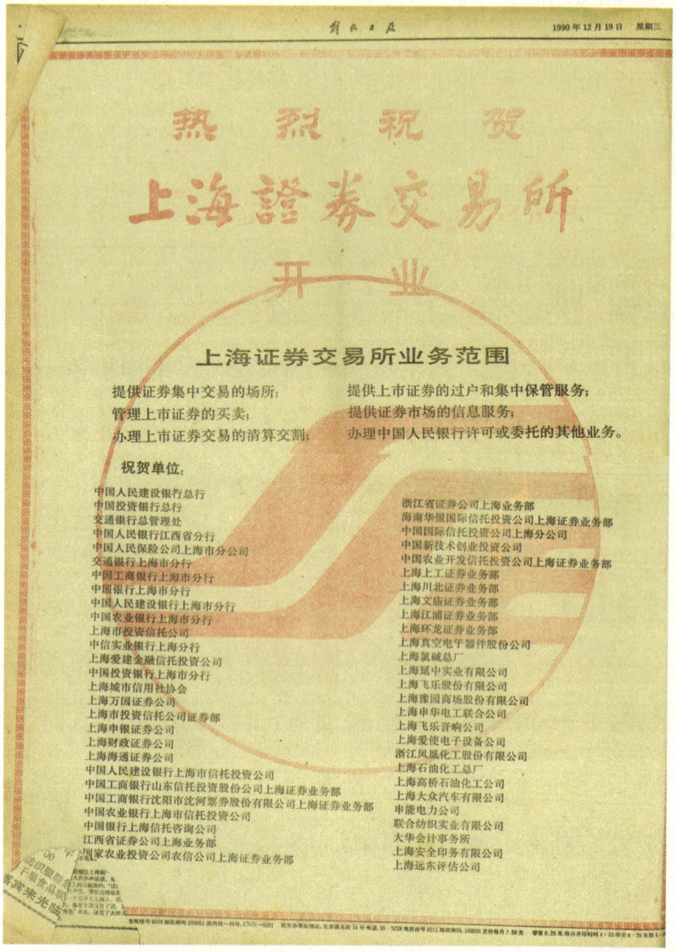
解放日报　1990年12月19日　星期三

热烈祝贺

上海證券交易所

开业

上海证券交易所业务范围

提供证券集中交易的场所；
管理上市证券的买卖；
办理上市证券交易的清算交割；
提供上市证券的过户和集中保管服务；
提供证券市场的信息服务；
办理中国人民银行许可或委托的其他业务。

祝贺单位：

中国人民建设银行总行
中国投资银行总行
交通银行总管理处
中国人民银行江西省分行
中国人民保险公司上海市分公司
交通银行上海市分行
中国工商银行上海市分行
中国银行上海市分行
中国人民建设银行上海市分行
中国农业银行上海市分行
上海市投资信托公司
中信实业银行上海分行
上海爱建金融信托投资公司
中国投资银行上海市分行
上海城市信用社协会
上海万国证券公司
上海市投资信托公司证券部
上海申银证券公司
上海财政证券公司
上海海通证券公司
中国人民建设银行上海市信托投资公司
中国工商银行山东信托投资股份公司上海证券业务部
中国工商银行沈阳市沈河票券股份有限公司上海证券业务部
中国农业银行上海市信托投资公司
中国银行上海信托咨询公司
江西省证券公司上海业务部
国家农业投资公司农信公司上海证券业务部
浙江省证券公司上海业务部
海南华银国际信托投资公司上海证券业务部
中国国际信托投资公司上海分公司
中国新技术创业投资公司
中国农业开发信托投资公司上海证券业务部
上海上工证券业务部
上海川北证券业务部
上海文庙证券业务部
上海江浦证券业务部
上海环龙证券业务部
上海真空电子器件股份公司
上海氯碱总厂
上海延中实业有限公司
上海飞乐股份有限公司
上海豫园商场股份有限公司
上海申华电工联合公司
上海飞乐音响公司
上海爱使电子设备公司
浙江凤凰化工股份有限公司
上海石油化工总厂
上海高桥石油化工公司
上海大众汽车有限公司
申能电力公司
联合纺织实业有限公司
大华会计事务所
上海安全印务有限公司
上海远东评估公司

图12　1990年12月19日《解放日报》刊登《热烈祝贺上海证券交易所开业》整版广告

■ 作者简介

金星　中国证券博物馆副馆长。

■ 注释

① 中共中央党史研究室．中国共产党的九十年［M］．北京：中央党史出版社、党建读物出版社，2016.

专题研究

从近代股票交易看资本市场在工业化进程中的地位和作用

朱荫贵

资本市场是指经营中长期资金的机构及其相互关系的集合。它是企业融通所需资金的重要中介市场。一方面，资本市场能取得投资者的信任，大量吸收和集中社会储蓄；另一方面，它又能稳健和源源不断地供给产业发展所需的资金。资本市场的作用在于连通需求者和供给者，把社会分散资金和储蓄转化为真正的投资。一般而言，银行和证券交易所是资本市场上的主角，在资本市场上行使间接融资或直接融资的职能。在近代中国，整个社会开始了从传统社会向近现代化的转型。这个转型在经济领域的体现，就是近代机器工业时代的来临。股份制、工厂、矿山、股票、证券交易所、银行、保险等一系列过去未曾有过的形态在不长的时间里，在中国社会舞台上逐步出现。资本市场在近代中国经济转型和迈向工业化时代的重要性不言而喻。但是，在近代中国，资本市场的培育和发展受到多种因素的影响和制约，表现出来很多自己的特色。

一是外国经济势力的阻挠。一个主权国家是不可能允许其他国家在自己的国土上兴办证券交易所的，但是近代中国不仅有外国人兴办的证券交易所，而且还不止一家，这就是日商上海取引所和上海西商众业公所（Shanghai Stock Exchange）。日商上海取引所是负有“执中国金融牛耳”的野心而成立的证券交易所，于1918年在上海成立，后在中国朝野的抵制和自身问题的双重制约下，在1927年停业，存在了9年时间[①]。

上海西商众业公所是外商尤其是英美商人创办和控制、以买卖外国及外商在华所设各公司股票和各种债券的证券交易所。1935年《上海市年鉴》记载了上海西商众业公所的来历“上海有交易所之组织，始于西商。清光绪十七年证券西商成立‘上海股份公所’（Shanghai Sharebrokers’ Association），实则西商证券掮客公会，已具交易所之雏形。至光绪三十年，西商又有组织上海证券交易所之动议，至次年而正式开办，定名为‘上海众业公所’（Shanghai Stock Exchange），即证券交易所。宣统二年，遵照香港政府股份有限公司条例登记。民国十八年，‘上海股份公所’并入‘上海众业公所’，前者之名称随以撤销”。根据上述史料，上海西商众业公所的历史如从1891年的“上海股份公所”算起，至1941年12月太平洋战争爆发日军进入上海租界，上海西商众业公所停业为止，整整存在了50年。如从1905年“上海众业公所”算起，到1941年也有36年，远超过中国自己兴办的证券交易所存在的时间。也就是说，上海西商众业公所喧宾夺主，成为近代中国证券市场上出现最早、历时最久、涉及范围最广的证券交易所，这一点已成为历史事实②。

二是民间对建立证券市场的积极性远高于历届政府。在1872年轮船招商局成立之后，由于轮船招商局“纠股集资”成立企业和股票买卖的示范效应，1880年前后，先后有将近40家中国企业通过在市场上发行股票筹集资金得以成立，掀起了洋务运动中兴办新式股份制企业买卖股票的一个小高潮。在这期间，上海还出现过一家专门代客买卖各家公司股票的民间企业——上海平准股票公司。③与此相对比，直到进入20世纪后的1914年，北洋政府才颁布规范证券交易的《证券交易所法》，直到1918年后，才陆续有北京证券交易所、上海证券物品交易所和天津证券物品交易所获批成立，民间与政府对证券市场的态度和热情的不对等十分清楚。

三是近代中国资本市场虽然发展不尽如人意，特别是证券交易所的发展受到许多内外因素的制约，但是，回顾近代中国这段历史，我们仍然可以发现其中的亮点，发现证券市场对近代中国经济转型和工业化发展的推动作用。正所谓“知古可以鉴今”，“历史就是最好的教科书”，这里我们以洋务运动时期中国股票买卖的事件为例，看看近代中国资本市场对工业化开展的推动作用。

19世纪80年代开始后的几年，是中国证券史上具有重大意义的一段时期，这期间，上海出现了前所未有的买卖新式工矿企业股票的高潮，这种现象的出现不仅在上海的历史上是空前的，在中国历史上，也是从未有过的第一次。应该说，这期间出现这种前所未有的现象，并不是偶然的。1840年后，西方新型股份制企业的组织方式，也随着鸦片战争后的资本主义势力进入了中国，对中国近代新式工商企业的创办，产生了相当大的刺激和借鉴作用。1872年，中国诞生了首家采用股份制方式成立的近代企业——轮船招商局。轮船招商局的诞生，表明西方式的企业组织方式已开始被中国人认识和接受。随后不到十年，采用这种新型股份制方式组织成立的近代企业，已从轮船招商局一家增至三十多家。这种现象，正如当时《申报》的评论文章所说，自“招商局开其端，一人倡之，众人和之，不数年间，风气为之大开，公司因之云集，虽其中亦有成与不成之分，然其一变从前狭隘之规则”。④这些新成立的新式工商企业，无论厂址在哪里，无一例外均以上海为中心募集资金和买卖股票，从而引发和掀起了上海买卖股票的第一次高潮。表1就是对这次股票买卖高潮概况的一个反映。

表 1　19 世纪 80 年代上海新式企业股票市场价格变动表

公司名称	1882 年 6 月 9 日	1882 年 10 月 27 日	1883 年 4 月 12 日	1883 年 12 月 20 日	1884 年 12 月 30 日	1885 年 6 月 22 日	1886 年 6 月 22 日	1887 年 1 月 13 日
平泉铜矿	185	246(105)	122(105)	48(105)	17(105)	25(105)	14(105)	46(105)
开平煤矿	242.5	218(105)	146(100)	53(100)	37.5(100)	66(100)	44(100)	49.5(100)
电灯	160	105(100)	62(100)	30(100)	10(100)	4(100)	4(100)	3.5(100)
长乐铜矿	160	220(100)	118(100)	44(100)				
招商轮船	260	255(100)	148(新 100)	63(新 100)	41(新 100)	64(新 100)	59(新 100)	59(新 100)
点铜	80 元							
电线	210							
平泉	185							
织布	117.5	103(100)	96(100)				17(100)	17.5(100)
济和	73	70.05(50)	69.2(50)	34.5(50)	24.5(50)	30(50)		
牛乳			95 元 (100)	60 元 (100)	19 元 (100)	20 元 (100)		
仁和保险		71.5(50)	70.25(50)	35(50)	24.5(50)	30(50)		
自来水		35 镑 (20)	39.5 镑 (20)	29 镑 (20)	25 镑 (20)	30.25 镑 (20)	27.5 镑 (20)	29 镑 (20)
赛兰格点铜		135 元 (100)	99(100)	180 元 (100)	12.5 元 (100)	11 元 (100)	3 元 (100)	1.7 元 (100)
公平缫丝公司		94(100)	80(100)	36(100)	10(100)	3(100)		
鹤峰铜矿		177.5(100)	120(100)	36(100)	20(100)			
中国玻璃股份		51.5(50)	50.5(50)	80(100)	50(100)			
叭喇糖公司		43(50)	35.25(50)	32(50)	15.5(50)	12(50)	14(50)	14.5(50)
电报		167.5(100)	98 元 (100)				65.5 元 (100)	65 元 (100)
顺德铜矿		110(100)	90(100)	70(100)				
驳船公司		109(100)	106(100)	74(100)	50(100)	35(100)		
三源公司		51(50)						
新造纸公司		100(100)						
上海保险公司			50.5(50)	31(50)	14.5(50)	23.25(50)	16(50)	23(50)
旗昌浦东栈码头			112(100)	90(100)		65(100)	90(100)	98(100)
金州煤铁矿			89(100)	46(100)	45(100)	58(100)		
池州煤矿			34.5(25)	20(25)	6.5(25)	11.5(25)		
沙岑开地公司			25(25)	17(25)	7(25)	8.5(25)	2.5	1.5
荆门煤铁矿			20(25)	19(25)				
施宜铜矿			95(100)	25(100)	35(100)	40(100)		
承德三山银矿			64.5(50)	30(50)	5.55(50)	5(25)		

续表

公司名称	1882年6月9日	1882年10月27日	1883年4月12日	1883年12月20日	1884年12月30日	1885年6月22日	1886年6月22日	1887年1月13日
白土银矿			78元(50)	55元(70)	5元(70)	7(70)		
徐州煤铁矿			92(100)	60(100)				
贵池煤铁矿			24.5(25)	13(25)	14.75(25)	14(25)		
火车糖				100元(100)	50元(100)	50元(100)		
烟台缫丝				125(300)	25(300)	50(250)		

资料来源：《申报》。

注：1.表中数字的单位，除标明“元”“镑”的以外，均为“两”。

2.各栏中的数字，均为当时的市场价。括号中的数字，为各公司各厂矿发行股票的票面价格，而且绝大部分都已按票面价格收足，只有“上海保险公司”“池州煤矿”和“沙岑开地公司”三家公司的数字较为特殊，这三家公司股票的票面价格虽同为100两，但上海保险公司实际仅先收50两，池州煤矿和沙岑开地公司只先收25两，而且此后没有变化，因此这三家公司括号中的数字是实收额。

3.括号中的数字，少数有前为两后为元的，也有出现变化使得前后数字不一致的，这种情况均按照资料的出处年份未做变动。

4.轮船招商局在1882年底增发新股，新股价格为每股100两，1883年3月22日新股上市，因此，本表摘录的轮船招商局1883年4月12日的股价以及以后的股票价格均为新股价。

5.1882年10月27日和1883年4月12日，分别是《申报》以“平准公司各股份市价”的名义公布股票价格的第一天和最后一天。1885年6月22日和1887年1月13日，分别是《申报》以“公平易公司各股份价”的名义公布股票价格的第一天和最后一天。

表1编排的是1882年至1887年《申报》上刊载的上海证券市场上新式企业股票价格的几个代表性数字。在此需要说明的是，表中第一栏即1882年6月9日的股票价格，是《申报》这一上海也是中国当时最主要的中文报纸刊载中国新式工矿企业股票价格之始。而最后一栏即1887年1月13日的数字，则是《申报》在这一时期刊载股票价格的最后一次。《申报》自1882年6月9日开始刊载中国企业的股票市场价格，这件事实本身就证明股票的交易和市场此前不仅在上海已经形成，而且这时已具有了一定的规模。

上海市场上的股票交易能在十年左右的时间里迅速出现并形成一定的规模，不仅与此前在华设立的外国股份制企业营业发达，利润优厚，投资者有厚利可得有关，更与这几年几家采用股份制方式成立的“官督商办”企业的经营状况较好有密切的关系。例如，轮船招商局从成立的第二年起便按照章程规定每年发放10%的股息，并且此后不管经营状况如何，股息都无例外地照章发付。这种做法虽然在一定程度上混淆了股票和债券在性质上的区别，但在当时的历史条件下，无疑却有助于坚定投资者的信心和树立自身的社会形象。再加上开平煤矿1881年已开始出煤，市场上公认前景看好；上海机器织布局1880年登报公开招股，以发展前景光明，利润优厚相号召等，都使得社会上对新式企业十分关注，把投资购买新式企业股票看成是获利的极好途径。这时，不仅“官督商办”的大型企业如轮船招商局、开平煤矿、上海机器织布局等，就连一些新成立的中小型工矿企业，也都汇聚上海通过发售股票筹集资金。一家报纸将1882年上海出现这种筹资高潮的景象形容为“自春徂冬，凡开矿公司如长乐、鹤峰、池州、金州、荆门、承德、徐州等处，一经准招商集股，无不争先恐后，数十万巨款，一旦可齐”[⑤]。《申报》上刊登的文章对这种现象也评论说，“现在沪上风气大开，每一新公司起，千百人争购之，以得股为幸”[⑥]。即使剔除掉这些文章中的某些夸张之处，我们也可以相信，当时上海确实出现了一个前所未有的股票交易的高潮。这一点，从表1的统计数字中同样可以得到验证：从表中的股票数量看，1882年6月9日《申报》第一次刊登股票行情时，上市交易的股票只有10种，但时隔4月，到10月27日，便已增加到19种，再过半年，到1883年4月12日时，更增加到29种，实际上，这期间先后上市交易的股票种类，据笔者统计已达37种，把表1中先后出现的股票种类相加，也有36种，增长速度不可谓不快。再从股票的价格看，1882年全年的股票市场价格除极个别种类外，均超过股票的票面价格或实收额，高的甚至超过一倍到两倍。这种股票大幅升水的现象无疑是当时上海市场上股票大受欢迎，形成高潮以致供不应求状况的一种反映。遗憾的是，这种现象并没有维持多久，从1882年底左右开始，上海市场股票价格开始有所下落，到1883年4月12日，虽然还有半数左右的股票价格尚在票面价格以上，但已出现了明显的跌落。到1883年底，情况则和1882年颠倒了过来，即除了极个别股票外，绝大多数种类的股票价格都出现了大幅下跌。到1884年底，绝大多数的股票价格都跌到了票面价格的一半以下，甚至有些不到票面价格的1/4。1885年和1886年这种状况并没有什么改变，到1887年1月13日，除少数经营较好的企业如轮船招商局、开平煤矿等的股票价格比1884年稍有回升，但也只在票面价格的一半左右徘徊外，剩下的依然不见起色，个别的如赛兰格点铜和沙岑开地公司的股票价格，甚至跌到了“形同废纸”的程度。而且，这时候上市的股票数量，已经又减少到了只有12种。也就是说，19世纪80年代上海股票买卖高潮的高点在1882年，随后即出现了下落，到1887年高潮已经结束。

导致19世纪80年代上海股票买卖高潮出现不久即告夭折的原因虽然不止一种，但最主要和最直接的起因毫无疑问是1883年爆发于上海的金融风潮。由于对这次金融风潮的起因、经过和对上海钱庄造成强烈冲击以致直接影响股票买卖的状况已有不少学者做过专门研究[⑦]，这里不再赘述。但是，即使19世纪80年代出现在上海的这次股票交易高潮时间不长，自身也有种种不足，但这些都不足以影响其在中国近代经济史特别是中国证券史上所处的地位。之所以这样说，一是因为它的出现，表明中国突破了过去创办企业只有独资和合伙两种组织方式的旧式商业传统，出现了新型的以发售股票募集资金方式组织成立的股份制企业。对于这种以“纠股集资”方式为特征的新型企业组织方式的接受和实行，表明古老中国的经济发展已经开始进入了一个新的阶段。二是由于这期间创办的几家“官督商办”的企业股票首先上市和进行交易，不仅直接依靠民间资金促成和保证了这些新式企业在中国的存在和成长，而且由于其示范效应，直接导致19世纪80年代出现了发售股票募集资金创办企业的股票买卖高潮，进而促成中国出现了一批近代新式工矿企业，为中国的早期工业化奠定了最初的几块基石。更为引人注目，并在中国证券史上具有特殊意义的是，这期间上海出现了称得上是中国证券交易所雏形的公司。1885年6月22日至1887年1月13日以“公平易公司各股份价”的名义在《申报》上刊登股票行情的这家“公平易公司”，因限于资料，除了根据其名称可以推测是一家以经营股票买卖为业的公司外，尚难做出更多的判断。但1882年10月27日至1883年4月12日以“平准公司各股份市价”的名义在《申报》上刊登股票行情的“平准股票公司”，却因其1882年9月27日和28日连续两天在《申报》上刊登“上海平准股票公司叙及章程”，从而使人们对它的内情有所了解。从其章程中可知，这是一家资本金为10万两的以中介股票买卖为专业的股份公司。其成立的目的是帮助新式公司建立筹集资金的渠道和巩固其基础，即“为各公司通经路而固藩篱”，是方便社会大众买卖股票和革除买卖股票中出现的弊端：“人见轮船招商与开平矿务获利无算，于是风气大开，群情若鹜，期年之内，效法者十数起。每一新公司出，千百人争购之，以得票为幸，不暇计其事之兴衰隆替也。然积而久焉，其弊有不可胜言者。今设一平准股票公司以维持之，其利有五……”在实际操作中，平准股票公司准备打破此前股票买卖在价格评定方面的不足，采用向社会公开定价的做法：“大凡票价之低昂，视乎买卖之多少，多则日涨，少则日跌；涨，固足生各公司之色，跌，实大贻各公司之羞，……今有平准股票公司确访底蕴，广采舆评，持平定价，……逐日悬牌，定出真价，如兑换钱洋所依牌然，可一见而知。”[⑧]从组织形式上看，这家公司是采用股份公司的组织方式，章程中规定“招股十万两，分为一千股，每股规银一百两”。内部组织架构为：设董事数人，正副执事二人，常川驻扎，综理公司一切事务。此外聘请账房二人，跑街二人，翻译、书记及庶务各一人，学生二人。其业务范围根据章程第18条观察，大体可分以下三个方面。

1. 确定股票市价并向社会公布，“逐日行情除写挂水牌外，送登《申报》”，使买卖双方均得其益。

2. 抵押股票。平准股票公司鉴于社会上存在着“每逢年节，各钱庄清账之秋，藏票者或力量单薄，……不得不贱售以清庄款”的情况，因而开展抵押股票业务，“今有平准公司可以押银，则度过年关价仍复旧，不致受人挟制”。抵押股票时平准股票公司“给予收照一纸，以一个月为期，期满不赎，照市出卖，除去押息，盈亏向原主结算”。

3. 代客买卖股票。“门庄买票者，欲买何项股票，定期限价，书立合同，定票如到期，而照限兑进，毋得毁议。如远处函托素昧平生者，须先付定银一成。”若想委托代售股票，则须“先将股票送到本公司，给予合同收票，定期限价代售，如欲先取几成银两，售出后照押款算息”。平准股票公司并以回扣来吸引顾客，不管股票是买进还是卖出，“公司均给予发票一纸，三个月后，凭发票来本公司扣还回用十成之二”⑨。

从上述规定来看，其与现代意义上的证券交易所虽然还有很大距离，而且很多条款是根据当时上海和中国的特殊情况所做的规定，但我们不得不承认这已是一家在某些方面具有现代证券公司特点的雏形组织了。

晚清洋务运动时期的这次股票买卖热潮，是近代中国在新式机器工业开办不久以及没有设立证券交易所时期出现的，通过对它的观察和分析，我们可以认为在当时的中国社会中，对于接受新式企业、股份制资本组织方式乃至资本市场，都蕴藏着极大的积极性和能量，只要政策得当、经管得法，就会为中国社会带来极大的机遇和发展可能。■

■ 作者简介

朱荫贵，复旦大学历史学系教授、博士生导师。

■ 注释

①关于上海日商证券交易所兴起和停业的具体情况，可参见虞建新的《日商上海取引所及其与华商交易所业之关系》，载《档案与史学》，1995年第1、第2期。

②关于上海西商众业公所还可参见上海市档案馆编写的《旧上海的证券交易所》，上海古籍出版社,1992年版，第339页。另见杨荫溥所著的《中国交易所论》，上海商务印书馆，1930年版，第37页，内容大体相同，稍有不同的是他指出“光绪三十一年，遵照香港政府股份有限公司条例正式开办，定名为上海众业公所”。中国第一家证券交易所为1918年成立的北京证券交易所，上海成立的第一家华商证券交易所为1920年开业的上海证券物品交易所，后由于战争和其他原因，存在时间断断续续，但将存在的时间相加，也没有上海西商众业公所存在的历史长，这是肯定无疑的。

③参见拙文《近代上海证券市场上股票买卖的三次高潮》，载《中国经济史研究》，1998年第3期。

④详见1883年10月21日的《申报》。

⑤详见1883年1月22日的《字林沪报》。

⑥详见1882年8月12日的《申报》。

⑦如张国辉所著的《晚清钱庄和票号研究》，中华书局，1989年版；杜恂诚所著的《民族资本主义与旧中国政府》，上海社会科学院出版社，1991年版；郝延平所著的《中国近代商业革命》(中文译本)，上海人民出版社，1991年版；刘广京所著的《1883年上海金融风潮》，载《经世思想与新兴企业》，联经出版事业公司，1990年版；滨下武志所著的《19世纪后半期外国银行操纵中国金融市场的历史特点》，载《近代中国》，1991年第2辑；等等。

⑧上引均见1882年9月27日、28日的《申报》。

⑨上引均见1882年9月27日、28日的《申报》。

30 年前的回国之旅

——纪念沪深证券交易所建立 30 周年

邱百川

2020 年 10 月 20 日，笔者参观了中国证券博物馆——一座建立在上海证券交易所原址的证券期货文化殿堂。作为留美归来的证券从业者，笔者见证了 30 年前中国资本市场初起的重要时刻，馆中的展品勾起了我的回忆，30 年前难忘的回国之旅历历在目。

祖国来函

1990 年感恩节，我突然接到了一份电函，邀请我出席将于 12 月 19 日在上海虹口区黄浦路 15 号举行的上海证券交易所开业典礼，署名是上海证券交易所筹备委员会主任李祥瑞和另外两位大学教授。30 年前，中国已走在改革开放的道路上，许多人尝到了改革的甜头，对股票这一新生事物抱有期待。当时，我在美林证券任职，而在华尔街的中国人极少，我因此受邀回国，代表美林证券前往上海证券交易所出席开业典礼，并向国内介绍西方资本市场的经验。

收到邀请时，我已经完成美林证券的全部培训，并获得了培训中心第 357 期第一名的佳绩，正全身心地投入公司业务。公司总部得知上海将要成立证券交易所的消息时非常惊讶，安排了美林证券亚太中心协助我。

1990年12月中旬，我到香港后与美林证券亚太中心接洽了出席开业典礼的事宜，亚太中心的两位主管就中国经济前景和我进行了交流，并为我准备好了必要的文件和资料。亚太中心马迪·维拉瑞尔主任带着浓重的伦敦口音说，此行“一定十分有意义”。

途经广州

随后，我搭乘火车前往广州，沿途风景让我找到了回家的感觉。到达广州后，广州总商会极力邀请我去讲讲纽约证券市场，一开始我没同意，经过劝说我答应先去看看。一到广州总商会，时任广州市人民代表大会常务委员会副主任、广州总商会会长方文瑜先生，副会长沈南山先生等领导已经等在办公室。方会长笑眯眯地说，“我们来听你介绍纽约证券市场。”我起初以为是小规模的座谈会，已经颇感为难，谁知他们带我走进了一个坐有上千人的会议厅，讲台上还挂着红色的大横幅，上面写着“证券市场交易及其管理模式”，台下架有很多摄像机。我一看就急着说，证券是资本主义的东西，讲不得啊！方会长笑着对我说，现在的国情和你出国时不一样了，你就放心讲吧。我的头嗡地一下子就大了，方会长坐在主席台正中，让我坐在他的旁边。他在开场白里说的我几乎都没听进去，只听到一句：“邱先生是从美国来参加上海证券交易所开幕式的，途经此地，我们广州近水楼台先得月，先请他来给大家做个报告，介绍介绍……”我在脑子里迅速地搜索了一下，列出了几条提纲，并拿出美林证券亚太中心准备的资料，从交易所会员席位制、专员的功能到交易方式，一层一层地展开。演讲一结束，掌声雷动，然后一群记者涌上来，有中国日报、中国商报、羊城晚报、香港文汇报等媒体的记者，他们的消息真是灵通。我被淹没在提问中，好一阵子才算脱身，满头大汗，心里毛毛地直打鼓，不知道刚才的讲座和问答是否会说错话捅娄子、父母会不会受牵连。

按照方会长的安排，当天下午我在暨南大学做了一场证券专题讲座。暨南大学是著名的华侨大学，校园非常美丽。管理学院院长王光振和经济系主任王富初向我介绍了学校情况，学生有的来自我国香港、台湾地区以及东南亚地区，那天是星期六，同学们上午下了课一般就都回去了，听说有美国华尔街的客人来讲学，他们早就来等候了，一个大教室里面坐了几百个学生。等我们一行进来，学生们顿时安静了下来。

图1 在各地讲习

在广州期间，时任广州市工商联联络部部长黄健敏安排了相关活动，我也借此机会参观了中山纪念堂、越秀公园等名胜。在这期间，出国几年来在纽约生活的紧张节奏慢了下来，让我体验了一段悠闲的时光。

见证上海证券交易所开业

上海证券交易所坐落在黄浦江畔的一幢欧式建筑——浦江饭店里，一楼是上海证券交易所的交易大厅，开业典礼在二楼饭店宴会厅举行，时任上海市委书记兼市长朱镕基致辞，国内外宾客几百人济济一堂，我有幸在那一历史时刻成为来自美国的唯一代表。豫园商场、飞乐音响、真空电子等8只股票在开业当天率先上市，俗称“老八股”。参加开业典礼期间，上海证券交易所总经理尉文渊先生邀请我到他办公室交流，并详细了解了美国的股票市场和交易所运营情况，我介绍了美国证券市场交易中常发生的问题，如内线交易等，尽我所能地回答他的问题。两三年后，尉先生来纽约访问时联系我，我没想到他还记得我。他说，我是美国第一位到访上海证券交易所的嘉宾，怎么会忘记呢。

参加完开业典礼后，我游览了黄浦江，看着外滩的西式建筑群，感叹民国时期外国资本在上海滩纵横捭阖的岁月，如今上海将借助资本市场的力量恢复往昔金融中心的地位。我入住的是上海市政协招待所，当时算是较高的楼房，举目望去尽是阁楼和弄堂，我想要是多一些楼房就好了。谁想今天上海的摩天大厦比比皆是，又让人有些怀念那些老上海特色的弄堂。

而后，上海证券交易所理事长、交通银行董事长李祥瑞在交通银行会议室里接见了我，向我讲述了上海证券交易所筹建的前前后后，并和我探讨了股票的发行，还就B股的发行征询我的意见。我直言不讳地说，一个公司的经营和利润只有一个，而在同一个市场上使用两种货币来交易两种股票，这将产生两种供求关系，出现两种不同的价值，发行B股在理论上说不通，在运作中也很不好实行，而且还会引起外汇市

图2 邱百川在上海证券交易所门口

图3 汪道涵（右）和邱百川（左）在上海市政府会客厅谈话

场的混乱和黑市的发展。他说我们需要外资，但又不能让外资和我们在同一个市场上操作，否则，我们的老百姓会吃亏的。我们创造一个B股市场，让它在“大鼻子和大鼻子之间炒作”，风险由他们承担，盈亏在他们之间，而我们利用了他们的资金。我离开上海一年多后，上海证券交易所B股上市。今天来看，B股发挥了作用，随着中国资本市场不断开放，B股的使命即将完成。

接下来，我被接到上海市政府，见到了上海市老领导汪道涵先生和他的顾问们。汪先生很健谈，很喜欢讨论经济理论，我们从宏观经济、市场机制谈到股份制改革，我一一地谈了自己的观点和看法，他不时点头说“这是对的”。结束时，他还余兴未尽，一再说希望我有空多来上海，再和他聊聊。他还半开玩笑地对我说，“40年前部队的坦克包围了老上海的证券交易所，你父亲他们封闭了证券大楼；40年后，儿子从美国回来庆贺新的交易所开幕，真是一代人的新变化。”这一来，我心里有了底，原来中国的改革开放已经在探索利用西方的金融方式发展经济。

马不停蹄

参加完上海证券交易所的开业典礼后，我回到北京见到了阔别多年的父母。他们对我的表现感到欣慰，告诉我说北京的一些专家学者希望和我见面交流，想不到后来相继见到了中国知名的经济学家、国务院经济研究中心高级研究员季崇威，北京大学经济学教授萧灼基，

图4　邱百川在民革中央机关礼堂为中国银行员工讲演

中国社会科学院经济研究所所长董辅礽，中国国际金融学会理事萧朝庆等人，他们都是我在中国人民大学就读时仰慕的著名经济学家，竟在这次归国旅行中一一见到了。他们热切地关心中国的经济改革和美国的经济政策，可见，从地方到理论研究领域，对改革经济体制都十分迫切，人们都有一股子干劲。季崇威先生告诉我，我在广州的讲座引起了轰动，还有许多活动在等着我。我原本希望多在家陪陪父母，但父亲要我多为社会做贡献，借这次机会将在国外的所见所闻传递到国内，随后我在北京应邀进行了多场专题报告。

首场讲座是在民革中央机关礼堂，由中国银行办公厅主任主持，有上千听众，前几排不乏金融业高管、银行行长、研究所专家学者等，后排是上百位财经院校的师生们。我从宏观经济周期、美国联邦储备委员会的货币政策讲到美国中央银行与商业银行的关系、各种利息率等，听众们的问题接踵而来，我都一一回答。会后在与季崇威老先生就餐时，他握着我的手说：“讲得很好，辛苦了！”

图 5　李灏（中）来酒店看望邱百川（左）及父亲邱庆铭（右）

图 6　李祥瑞（中）与邱百川（右）会谈

餐后我立即奔向木樨地亚太培训研究中心，三四十家公司的高管们聚集在那里。会议厅非常大，北京的寒冬加上取暖设备不足，很多人都裹着厚厚的大衣棉袄，但大家都兴致勃勃地听讲、记笔记。还有很多记者闻讯而来，如中国日报、港台信息报、中国商报、全国轻工信息报、中国化工报、北京日报等。

随后的讲座邀约越来越多，国家计委、国家经委、国家体改委、外经贸部、中国国际贸促会、中国对外贸易租赁公司、中央统战部、全国政协华侨委员会等中央部委纷纷邀请我去做报告；地方上也很热闹，广州市多次来电邀请再去做讲座，说上次在广州总商会讲得很好，市领导要来听报告；更有甚者，老家江苏江阴大客车制造公司的几位厂长开车来北京，交流企业改制和上市事宜，我真是应接不暇。我还应父亲的要求，去南锣鼓巷与他和连贯、甘子玉等几位老校友创办的北京中山大学校友会交流，在座的三十几位长辈们很想了解大洋彼岸的社会、经济、人文、教育等情况，我毫无保留地与他们分享。

南下广深

在北京一晃十天过去了，离返程时日不多了，途中还要在广州、深圳停留、演讲。和母亲依依惜别后，父亲陪我南行，送我出境，几个朋友也自愿同行。

当时广州也在争取建立证券交易所，广州的演讲安排在白云山制药厂。来到制药厂时，门口拉上了欢迎的大红条幅，上百人已经拥在大门口欢迎，市领导、厂领导将我们迎入。大会由时任广州市体改委主任陆景奎主持，时任广州市体改委处长陈锦德介绍了企业股份制改革，我介绍了美国公司的股份制和股票上市。那时的人们对新生事物的渴望让人印象深刻，许多人围着我讲述现行制度的弊端，认同市场经济和企业的股份制，希望将来改革能走到那一步。时任白云山制药厂拓展部部长胡苏娅提出了许多观点来探讨，这不由得使我想起 1983 年在中国人民大学就读的最后一个学期，学校安排在江苏常州实习，老师带着我们搞国有企业股份制改革的调查，回校后写的调查报告就是我们的毕业论文，那时对股份制改革还在探索之中，想不到现在已经成了街谈巷议、家喻户晓、人人关心的事了。短短几年时间，改革开放已经深入人心，发展速度惊人。

从广州到深圳的列车上，几位朋友向父亲建议在深圳的演讲收入场费，父亲没有同意，说这是在为国家做贡献。与五年多前出国留学时相比，1990 年底的深圳已是高楼林立。到达深圳的当晚，深圳市委书记李灏带着下属来酒店看望我们，他说起证券交易所的筹建，谈了许多看法，并希望我去深圳证券交易所讲美国的交易所规章制度，借鉴学习西方经验。

第二天，在中国人民银行深圳分行、中国国际信托投资公司和深圳证券交易所联合举办的讲座上，我介绍了美国金融体系、产品、市场行情、操作和管理等。大会由时任深圳证券交易所副总经理禹国刚主持，他不时插上一段评语，并和会场中一位白发老人用日语对话。那位老人名叫周顺祥，是深圳证券交易所的顾问，曾是民国时期上海股票交易所的一位经纪人，可谓是中国证券业的前辈了。讲座进行了整整一天，与会者除了三个主办单位外，还有深圳市经济局、深圳市经济学会、深圳投资促进中心、深圳市总商会、中国银行深圳分行、世纪证券、中亿实业、五洲实业、环亚集团、众邦发展、香港春城贸易、中国抽纱等单位，也有许多媒体到场，如深圳商报、文汇报、深圳证券报、股市动态分析报、共鸣杂志社、汇视等。深圳给我留下了很好的印象，这座城市已走在国内改革开放的前列，市民来自全国各地，各种方言都有，高学历人才比比皆是。

中午就餐时，时任深圳证券交易所总经理和深圳发展银行董事长王健介绍了深圳股票发行的曲折历程。由于股票是新生事物，刚开始市民们不懂，因此发行难度很大，深圳发展银行作为第一批在深圳交易所上市的五家公司之一，发行的股票无人问津，王健作为董事长却成了推销员，整天在外面介绍深发展的股票，后来向市委书记李灏反映了情况，李书记当即解囊，掏钱买了深发展股票，并发文要求科长以上的领导干部带头买股

图 7　邱百川（左二）在广州市总商会讲习，左三为商会会长方文瑜，左一为副会长沈南山

图 8　邱百川在深圳证券交易所讲习

票，支持股份制改革，这样一来局面就打开了。以后深发展的股票飞涨，人们才开始懂得了股票的价值。

第三天，禹国刚带我们参观了深圳证券交易所。一走进大门，大理石的迎风壁上盖着一块大红布。他伸手掀开那块红布，露出几个烫金的大字——深圳证券交易所。他笑着说，我们就等着中央一句话，就把这块布揭掉。走进大厅，里面已经在进行股票交易了。交易厅不大，墙上有块大屏幕，几个人坐在屏幕前看盘，五只股票正在交易。

后来，我们又参观了一家证券公司，在营业厅的门外坐着一些股民，和他们聊起来才知道，他们早上五点钟天不亮就来排队拿号买原始股（新发行的股票），这和早先王健推销深发展的原始股已经全然不同了，股民已经懂得股票是可以获利的，所以一知道有原始股发行，天不亮就来证券公司排队拿号。大楼的天井中还挂着一条醒目的标语："严厉打击场外非法交易"。为什么股票还有场外交易？走进营业厅，看到墙上贴着一张布告说，"今日股票每户出售不得超过 1000 股"。一位证券公司的经理说，几天前这里也贴过一张布告说，每户购买股票不得超过 1000 股。难怪会出现股票场外交易，原来是流通的限制。今天，中国证券市场的规模和流通已经远远超过 30 年前了。

随后，我们又参观了龙岗和蛇口，龙岗区区长刘志庚热情地接待了我们，并介绍了龙岗的发展和股份制改革，我对他们的实干精神和日新月异的发展印象很深刻。

晚上，深圳市委统战部招待我们一行人。袁挥部长希望我们能留下此行的感想。于是我口述录音、由文书撰写了一篇文稿，后来听说这篇感想得到了高层领导的肯定。

1991 年 1 月 17 日，海湾战争爆发，纽约股票暴涨，我又一次来到罗湖桥，和父亲、朋友们告别，结束了第一次回国之行。

在香港，我向美林证券亚太中心汇报了我的行程。马迪·维拉瑞尔主任说，中国的人均可支配收入还是世界倒数第三，这个市场还有待观察。回到纽约，美林集团国际部汉瑞森主任见到我高兴地说，我们正等着听你在中国的故事呢。我汇报了回国的见闻感想，并建议美林证券在中国开展业务。他们非常兴奋，看到中国的资本市场开始兴起，表示要认真考虑我的建议。同事们也热切地想听我的中国见闻，并说我出去一个月完成的业务比他们在这儿完成的还多。■

（2020 年 11 月 20 日于山东）

（照片提供：邱百川）

■ 作者简介

邱百川，1983 年毕业于中国人民大学商学院，1985 年入 Millsaps College，后在 Boston College 攻读 MBA。1989—1993 年任美林证券纽约交易员，从事证券交易；1993—1996 年任摩根士丹利投资师、纽约部副总裁；1998—2013 年任第一联合资本 / 富国集团资深投资师、新北区副总裁；2013—2015 年任 HDV 金融常务副总裁。

再见，红马甲

沈敏

我的“红马甲”工作经历，离现在已经25年了，那时改革开放不久，社会各方面都有新生事物冲击着人们的思想和生活，那是证券业蹒跚起步的特殊时期，也是我最美好的青春岁月。

梦中代码在飞

华泰证券苏州营业部是1993年7月12日成立的，我进入营业部没两天，领导就让我去上海参加上海证券交易所第16期“红马甲”培训班。培训结束后就上岗，我在上海一待好几年。

我是苏州营业部第一个“红马甲”，起初由于营业部业务量较小，只派出我一个“红马甲”，后来业务交易量增多，又增加了人员，我们当时在上海做“红马甲”的共有4个女孩，来自苏州和南京。

“红马甲”按客户指令顺序人工报单，大户优先。由于当时采取的是T+0制度，股民们对价格波动很敏感，刚买的股票，10分钟后可能就涨了两毛钱，客户往往会选择抛出，买入卖出，交易繁忙。“红马甲”要应付高强度的工作，在短短一天的开市时间里，平均

图1　沈敏在上海证券交易所做“红马甲”

要打700～800个单子，高峰期甚至到过2000多单。

交易操作失误的损失主要由营业部来承担，初入行时，我们对“红马甲”所知甚少，操作不熟练，压力特别大，记得我上岗第一天就是在手忙脚乱中度过的。当年公司要求我们记住从601真空电子背到664哈医药的编号，我们就把100多个股票代码背得滚瓜烂熟。那时我做梦时眼前飞着的都是代码，手还在不停地敲单。后来股票多了，公司就不做这种硬性规定了，但我坚持把它当作基本功练。密集的数字轰炸训练，让我对数字特别敏感，现在我在做理财，客户随口说一个数字就会刻在我的脑子里。

当时营业部大户有二十几个，小户有三十几个，一般选择有经验的“红马甲”打大户单，并以老带新。有的客户每天要打单二三十个来回，前期我们还回报确认，大家熟练后这个步骤就不需要了。就这样日复一日地操作，营业部的同事和我们配合得相当默契，交易争分夺秒实时成交，我们尽力为客户争取最优价格。

我们“红马甲”习惯了这种高强度的工作，上班时间所有人都在噼里啪啦打单，无暇顾及琐事，甚至为了不去洗手间而尽量少喝水。所有这些都会在每天下午3点结束，等到交易关闭、单子打不进去的那一刻，才是最放松的。

尽管很小心，但由于经手交易比较多，失误还是难免，印象比较深刻的是有次打错了大户单，是600835（上菱电器，现为“上海机电”）的交易。起初我并没有发现打错，这笔单打得很顺手，但大户单都有录音，回查时发现错了。我很着急，因为价格瞬息

图2　沈敏在工作

就有很大变化，很担心给客户带来损失，但打错的单子在客户的账户，我们无法立即修复，我连忙催促营业部的同事赶紧和客户沟通，由于沟通及时，这笔误操作并未给客户带来经济损失，但仍让我谨记在心，时刻提醒自己小心再小心。

那时候没有涨跌幅限制，一笔单子突然价格有很大波动，应该就是交易员误操作。当时上海证券交易所有三四个交易大厅，大家都会关注是哪个大厅的交易员出错了，吃午饭时就会交流诸如此类的八卦消息。

我和华泰一起奔跑

现在脑海中记忆最多的，是当年温暖而琐碎的生活细节。最初我们的宿舍在蓝天宾馆，然后集中到同济大学研究生院，最后的归属地是上海万航渡路营业部。公司请师傅帮我们做饭。那里有活动室，我们下班后经常聚在一起打乒乓球，也和其他公司的“红马甲”一起轧马路、聊天、喝咖啡。现在回想起当时的上海，每一天都是晴空万里的，和我们的心情一样。我学会了说一点儿上海话，也习惯了挤上海的公交车。

20 世纪 90 年代初的“红马甲”都是充满活力的年轻人，很多“红马甲”姑娘都年轻貌美，“红马甲”小伙帅气精神。“红马甲”的收入并没有外界盛传的那么高，当时我们最大的快乐是可以双休，而绝大多数行业还是每周工作六天。

1998 年，交易所推出无形席位后，“红马甲”逐渐从人们的视线里退出，我回到了营业部投资咨询部门工作，一切都是崭新的开始。从原来“红马甲”的敲单到营业部资金、交割、综合等多个柜台的工作，新的岗位对我来说具有挑战性，但我已能从容接受。“红马甲”的经历，练就了我对工作速度的要求、对每一项任务的坚持；同时也让我看到了不少投资者在证券市场的起落，我深刻领悟到只有不断学习，尊重市场规律，在工作中严格规范，才能在证券市场中做一名真正的长跑者，与市场博弈。经过一段时间的磨合，我逐渐融入了营业部的新工作中。

这些年，我看着客户们从单一咨询股票到咨询资本市场的各个方面，需求越来越丰富，也越来越成熟；我们顺应客户的需求，遵守市场规则，提供更加多元的产品，客户和我们的关系也越来越紧密。

我在华泰证券 25 年，始终有一种感觉就是要一直奔跑，因为这个市场一直在快速发展，公司也一直在大踏步前进，一旦停下来，就会跟不上节奏。所以无论何时，只要你是证券人，就必须努力向前奔跑。■

（照片提供：沈敏）

■ 作者简介

沈敏，华泰证券苏州市人民路证券营业部投资顾问。

文博论坛

略谈纸质文献的修复与保护

童芷珍

运用传统文献修复技术，对挽救文献、延长文献“寿命”起到了非常重要的作用，但在实施文献修复的过程中也面临着文献保护的问题。笔者长期从事纸质文献修复的实践和教学，在如何更好地保护文献本体、处理好修复与保护的关系方面积累了一些经验，也有一些思考。如今，在纸质文献修复过程中，修复领域在文献保护方面取得了很大的进步与发展，具体表现在修复理念、修复材料、修复原则及修复工艺等方面。

修复理念的改变

现在的纸质文献修复理念与过去相比有所改变。以前只注重文献文字内容的保护，现在不但注重文字内容的保护，同时还注重文献信息的保护。以尺牍的装裱为例，以前是一味追求整齐美观，随意裁切文字内容之外的笺纸与信封，只保留文字；现在尺牍的装裱不再是简单地将文字保留，同时也将文献的相关信息予以保留，如信笺不裁边，信封保持原样装裱等，尽可能保留尺牍的原貌。另外，装修碑帖也是如此，如有文献信息的旧裱也尽量保存；一些碑拓也尽可能采取不剪裱的装裱方式，保持原貌保存；整张石块拓片修复时，边不予裁切，让拓片保留石块的原貌；等等。

文献载体和修复材料的研究

为了更好地做好文献修复与保护，在实施修复前要对文献载体和修复材料进行充分研究。

1. 材质研究

纸质文献纸张的种类有很多，如藏经纸、白棉纸、皮纸、竹纸、有光纸、机制纸等，这些纸的性能各不相同。在实施修复前对这些纸张进行研究有利于修复工作的正常进行。这里的研究与纸张生产厂家和学者的研究有所不同，文献修复对材质的研究主要是针对修复工作的需要来进行的。文献修复对纸张的研究包括纸张安全性、纸张纤维、纸张厚薄、纸张颜色、纸张性能等。

研究这几项内容的主要目的有两个：

（1）寻找合适的修复用纸。因为要想找到与修复原件纸张完全相同的修复用纸几乎是不可能的，所以只能找匹配度高的纸用作修复用纸，而要寻找匹配度高的修复用纸，就必须对修复原件和修复用纸进行以上几方面的研究。

（2）选择正确的修复技法。只有深入了解研究纸张的各种性能，才能选择适当的修复手段。举一个修复用浆的简单例子，长纤维纸、较厚的纸及吸水差的纸如矾纸等，选用的修复浆水需较稠一些，反之，选用的修复浆水需较稀一些。根据对纸张的充分研究，在修复时可以选用相应的各种修复技法。

2. 纸张上的色彩研究

纸质文献纸张上有各种色彩，如墨、彩色的文字、有色线条、彩色画等。这些色彩有些易脱落，如有些文字用的是劣质墨，手稍微一抹就会把纸面上的墨迹抹开，弄脏周围部位；有些色彩修复时碰到浆水，色彩会晕开，如拓片上的文字、书页上红色的一些批校文字、书页上红色的栏线、年画等。对于这些纸张上的色彩，在实施修复前一定要进行仔细研究和深入了解，才能保证修复时不会出错，及时采用相应的技术方法，如用干补、蒸、衬纸、飞托、搭托等正确的修复技法予以修复。

3. 破损状况研究

文献的破损状况各不相同，有虫咬的、有霉变的、有酸化的等，只有深入研究后才能决定采取或补或托或揭修或衬或堆积修补等各种相应的修复手段进行修复。

4. 形制的研究

纸质文献的形制有很多，特别是古籍，有手卷形式的、有册页形式的、有轴装的、有蝴蝶装、有包背装、有拓本、有金镶玉装等，而这些装帧形制，都有其风格特点，进行文献修复要研究文献的各种形制，充分了解文献形制的特点，掌握其装修方法，这样才能很好地将修复后的文献正确完好地还原为其原来的形制。

5. 修复材料的安全性、可靠性

修复材料的安全性、可靠性是文献修复的前提，进行修复前须做好修复材料研究。修复用纸都要进行安全性检测；修复用纸都要存放几年后才使用；制浆材料一般不用辅料，连传统的矾也不用；打浆用水为净水；制作函套的纸板不再用黄纸板，重要文献的函套用无酸瓦楞纸板等。

修复原则的更新

在修复过程中，所采用的技术方法要以对文献的最佳保护为中心。具体而言，需要坚持以下几个修复原则。

1. 保持原貌的原则

对古籍实施修复时，修复上去的纸张材质与原件应基本相同；不能随意更改原来的装帧形式，如蝴蝶装书籍，以前在修复时，因其具有易散页、多浆、阅读不方便等诸多缺点，有将其改装成线装形式的，其实蝴蝶装具有宋元代一定的时代特色，不宜随意改装，还应原貌修复。保持原貌的修复原则即经修复后的古籍要尽可能保持和原来一样。

2. 少修或不修的原则

对于破损不太严重的文献，不影响阅读使用的文献，要尽量少修或不修。文献修复不应是稍有破损即行修复，特别是对待珍本。文献修复有时难度很大，修复工序繁多，修复不当时会越修越坏。如有些小洞，不拆不影响阅读，多拆重修易使原件受损，特别是有些形式的古籍，如蝴蝶装、包背装等；修复所用材料会使原件受损，如黏合剂、使用安全性差的纸等；修复操作失误也会使原件受损，如撕坏、揭破、弄丢等。

3. 对文献保护有利的原则

文献的修复不能太随意，修复人员都要经过专门的培训才能进行修复，同时修复过程中要做到各个环节都符合古籍保护的要求。因黏合剂对纸有损，则能用补的方法修复的绝不采用托的方法；去污时因化学试剂对纸有损，则能用清水洗净的绝不用化学试剂清洗。因机制纸含酸较高，即使作书籍的衬纸也不应使用。修复用纸的选择及修复手段的采用需考虑到再次的修复，等等。总之，修复时每个环节都要做到以对文献保护有利为先。

修复新技术的研究与运用

虽然修复是对破损纸质文献最有效最科学的保护方法，但是新技术在纸质文献修复和保护中的研究应用仍待加强。尤其是一些困扰修复工作的问题，更需新技术的研究成果来予以解决，例如，

1. 纸张色彩的易晕问题。

2. 材料检测不完善、不规范，需要权威机构发布可信的检测数据。如行业规定不能使用矾、衬纸有损书口等，需要让人信服的数据才能使用。

3. 结块书页的揭开问题。有些霉变、粘连的文献，需要有效的去菌、去霉、去污的研究试剂来解决。

4. 修复工作的机械化、自动化有待研究开发。目前虽有纸浆补书机，但还需进一步完善。可研制新的修复设备，诸如探索 3D 打印技术运用于修复的可能性等。

当然，随着科技的发展，人们一定会研究出更多更先进的保护手段对文献进行修复保护。■

■ 作者简介

童芷珍，上海图书馆副研究馆员，复旦大学古籍整理研究所研究生导师、复旦大学中华古籍保护研究院研究生导师、复旦大学古籍修复技艺传习所导师。

从事古文献修复与教学工作40多年，先后修复过宋刻本《左传》《资治通鉴》、《康有为手稿》等一大批国家一级、二级古籍文物。著作有《古文献的形制和装修技法》《古籍修复技术》；合作编撰了《图书馆工作手册》《清代朱卷集成》《中国年谱辞典》等，发表了《古文献修复使用材料——浆糊》《珍贵图书保护修复谈》《发展与提高港澳地区古文献修复工作》等多篇论文。

古籍修复有一定的“理”，却没有一定的“法”
——以虫蛀病害修复为例

陈宁

中华民族历史悠久，浩如烟海的中华典籍承载着五千年华夏历史文化与传统，象征着王朝的正统地位，更蕴含着国家的历史与民族情感。中华民族历来爱书，中国文字记录的丰富性、延续性和普遍性在世界文化史上独具魅力。

中国传统古籍虽因其所用的纸张耐久性较好，具有保存时间长的特点，但随着时间的推移，受外界因素影响（虫蛀鼠咬、水湿霉变等），以及纸张自身因素（风化焦脆等）而逐渐损毁。江南地区气候潮湿，多雨的气候环境有利于微生物的成长和繁殖。虫蛀、鼠咬、霉菌侵害是纸质文物的一大危害，危害古籍的昆虫有七十多种，常见的有书蠹鱼、蛀虫、书虱子等。书蠹鱼在阴暗、潮湿的环境里易生长，它们常把古籍咬得千疮百孔、污迹斑斑、缺边少角、残缺不全。古籍修复中的大量工作就是修补被书蠹鱼蛀坏的书页。

古籍修复的“理”

古籍修复的历史源远流长，北魏贾思勰所著《齐民要术·杂说第三十》载“自非向明举之，略不觉补”，意思是古籍修复完成后如果不是向着亮光把书拿起来看，大致看不出修复过。这段话说明修复的结果是“自非向明举之，略不觉补”，也是古代对古籍修复中“整旧如旧”理论的阐述。现代古籍修复前辈在此基础上又总结出“抢救为主、治病为辅”“可逆性”和“最少干预”修复原则。“整旧如旧”原则即最大限度地保留善本古籍的原貌。从历史、版本学的角度说，保留书籍的原始风貌，即尽可能地保留文献的一切信息，修复过程中还需保留古籍的古风与旧气，这不但是版本鉴别的重要依据，也是对文化传承的保留。“抢救为主、治病为辅”原则是指修复工作应按古籍损坏的等级等客观因素有条不紊地进行，把握破损古籍修复次序的"轻、重、缓、急"；"可逆性"原则是指修复过程可逆，必要时可以采取措施比较容易地将修复材料从原件上取下并对原件不造成任何伤害；"最少干预"原则即预防小病大治，对破损的古籍进行修复时最大限度地控制修复行为对古籍造成的影响。

这些由修复前辈从多年修复实践中提炼出的修复原则贯穿整个修复工作。古籍修复工作中最根本的一条原则就是"整旧如旧，保护原貌"①。要做到这一点，修复者在修复书页时首先需要对古籍进行全面分析。

在修复前，除了判断破损古籍的装帧以及基本破损之外，还需要用现代化仪器对其进行检测，得出具体的破损数据，用于分析纸张类别、是否酸化、纸张厚度等。结合修复者的修复经验，选择合理有效的修复方法。依据破损的具体情况进行综合判断，选择最优的修复手法，这是至关重要的一步。谋定而后动，它影响到修复的整个过程。即在修复前了解情况，想透彻将要修复的过程，并对接下来的修复步骤进行预估，这是修复前的必要思考内容。在修复过程中应遵循修复原则，根据检测结果，通常选择与破损原件纸质、帘纹相同的手工纸进行修复。

修复的各种"法"

修复的各种"法"，是指在具体的修复中修复者根据古籍的装帧、破损状态等所采用的各种技法。印制古籍所选用的纸张等材料不同，在相同的保存环境下其老化程度有差别；相同版本的古籍在装帧方式上有所差异；保存环境不同，所接触的外界环境也有区别，在这些因素的影响下古籍产生的破损迥异。即使是同样因虫蛀而发生破损的古籍，也会伴随其他病灶，如粘连、霉变、纸质老化等。

在古籍修复中，为去除书页上的灰尘霉点，根据书页污垢物的类别与脏污程度，可选用的去污技法有清水法去污、刷洗法去污、淋洗法去污、刀刮法去污以及化学去污等。

在修复书页前需要先将书页揭开，根据其装帧形式以及书页的粘连程度等具体状态，可选用的技法有干揭法、湿揭法、闷烫揭法等。

1. 不同装帧形式古籍虫蛀病害的修复技法

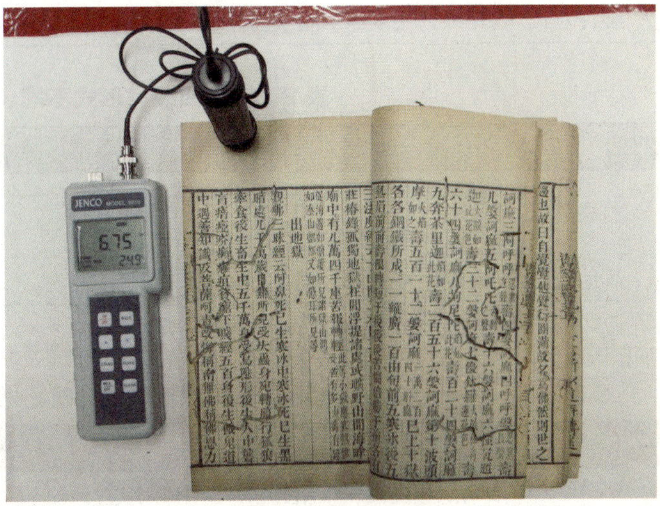

图 1　线装古籍

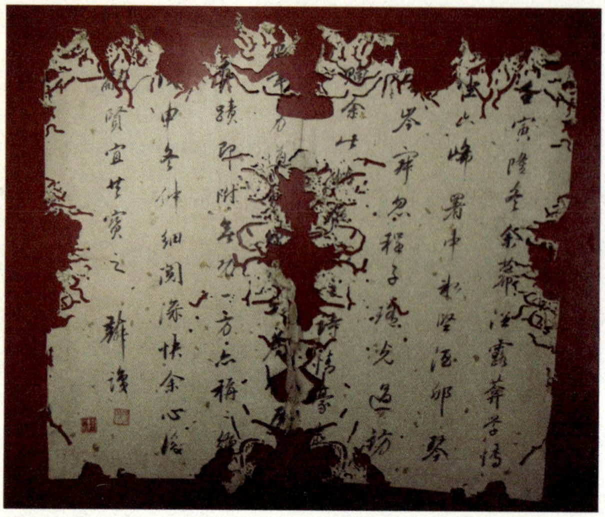

图2　册页题跋

以上两个案例修复的相同点在于：按修复原则选择和破损原件相似的修复用纸，并且修复纸边缘都呈毛边；在修复过程中修复纸的帘纹方向同原件。

修复技法中的不同点在于：修复册页破损中修复纸的边缘略搓了斜边，而线装古籍并未强调这点；又因装帧不同而选用了不同修补技法，有“补”和“先补后托”的技法区别。

根据修复原则，修复后都取得了较好的修复效果。但是，有些破损现象却不适合选用同原件类似的修复用纸。

表1　线装古籍与册页题跋的装帧区别

古籍类别	线装古籍	册页题跋
出现时间	始于明代中叶盛于清，书籍演变过程中出现最晚、最完善的一种装订形式	分页装裱成册的小品书画起于唐代②，后被宋、元、明、清所沿用
装帧形式	书页前后有起保护作用的护页，一般选用蓝色宣纸作为封面	分页装裱成册，封面用硬纸板包织锦布或选用优质木板作为封面
书页结构	书页正面朝外；单页对折成册	书页正面朝里；册页以厚实为胜，需托纸六至七层
装订方式	用纸捻钉草钉后用线装订，四眼装与六眼装最常见	用糨糊粘连

表2　古籍因装帧形式不同、保存环境差异而产生的破损区别

古籍类别	线装古籍	册页题跋
虫蛀范围	整册书都有不同程度的虫蛀现象，中间二十余页较为严重，蛀痕呈长条弯曲状	册页前题跋虫蛀严重，孔洞弯曲不平
其他破损	虫蛀伴有纸张略有酸化（pH6.75）	虫蛀伴有粘连
原件用纸	竹纸纸张略发黄，特别是前后书页	淡黄色洒金宣纸

表3　根据以上分析，两册古籍采用不同的修复技法

古籍类别	线装古籍	册页题跋
修复用纸	取帘纹宽度相似，略比原件薄的竹纸进行做旧染色	取帘纹宽度相似，略比原件薄的宣纸进行做旧染色
拆书技法	剪去原穿书用绳以及纸捻钉将书页逐一取下	采用干揭法顺着孔洞走势揭去册页题跋覆背纸
修补技法	在破损边缘用毛笔涂薄糨，补上边缘为毛边的修复纸。修复纸的帘纹方向同原件衔接口尽可能小	在破损边缘用毛笔涂薄糨，补上边缘为毛边的修复纸。修复纸的帘纹方向同原件。衔接口尽可能小并用手指腹略微搓斜边使得修复纸的边缘纸纤维渗入原件

续表

古籍类别	线装古籍	册页题跋
托　　裱	无须进行	补洞完成后需在原件后按原册页厚度托裱宣纸
喷水倒平	书页修补完成后五六页错开放在吸水纸上为一层，用喷水壶洒水使之潮润后铺上吸水纸。盖上夹板压上重物一天后进行倒页	无须进行
平整技法	书页干透后按书页的原折痕进行折页，用平面锤将修复处不平整的地方锤薄后放入压书机里进行压平	托纸四周涂少许薄浆，并在下边贴一张宽为 1.5 厘米的小纸条作为起口（下墙时方便插入竹起子），两手持裱件，题跋正面向外贴在大墙上，几天后下墙
复原装订	在原来的位置上钉纸捻钉装封面，打通原书眼后进行穿线	根据原拓本尺寸裁齐后对折并粘贴在原册页中

图 3　册页题跋覆背纸

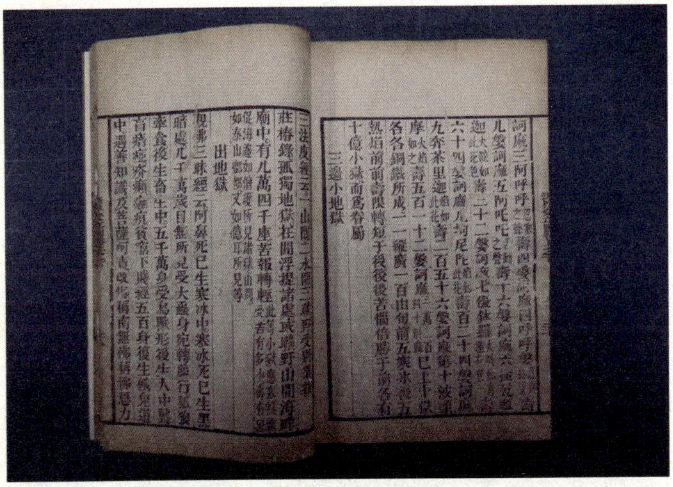

图 4　线装古籍修复后样式

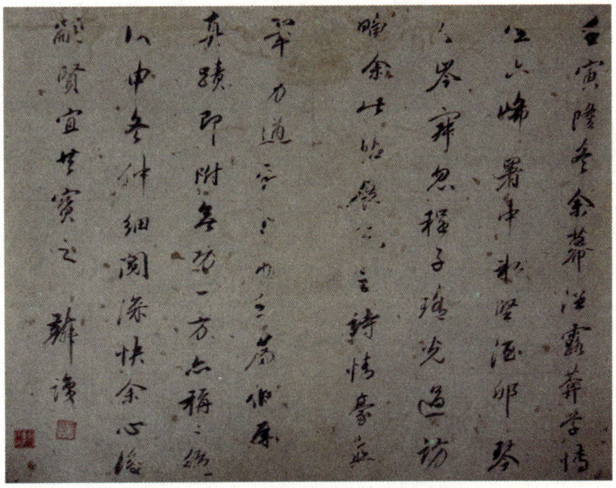

图 5　册页古籍修复后样式

2. 民国时期名人书稿虫蛀病害的修复技法

民国时期，中国机器造纸业虽已惨淡经营近 70 年，却因局势动荡、国力羸弱及科技落后，在技术、市场和产业体系构建等方面几无成就，整个行业处于落后、无序、散乱状态。1843—1844 年用磨木浆造纸获得成功，开创了用木材造纸的先河。磨木浆又称机械木浆或碎木浆，用去皮的木材经机械摩擦产生的大量热将木素软化，同时又将一层层地剥离的纤维反复研磨形成纸浆。用木材机械制纸浆造纸，尤其是对生

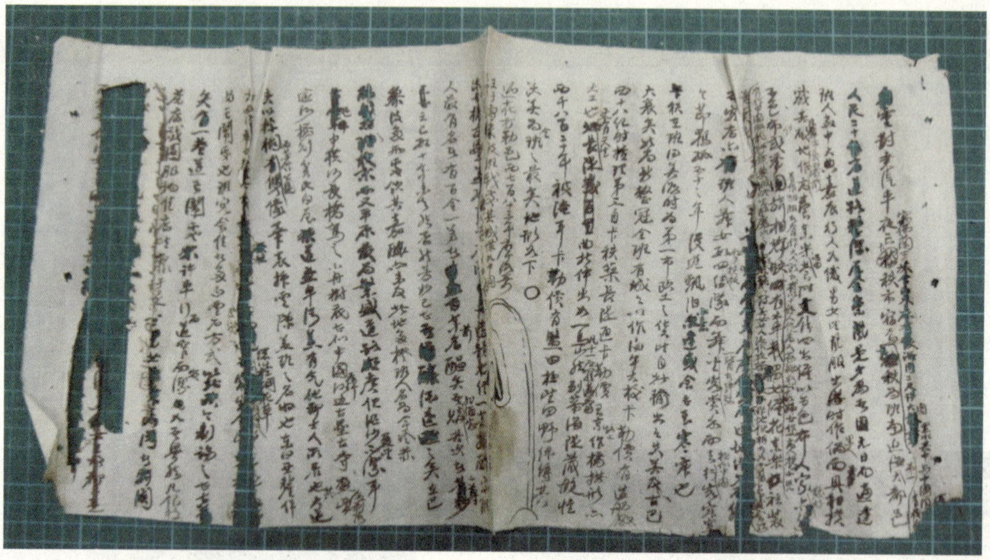

图 6　民国时期手稿

产原料单一（局限于麻、竹子、树皮、破布）、生产工序复杂、产量较低的手工纸而言，机制纸有着明显的优点：磨木浆的生产设备单一；纸浆收获率高（可以达到 90% ~ 99%）；成本低；产量高，顺应了当时对印刷用纸需求量急剧上升的时代趋势。可是随着时间的推移，用磨木浆制成的纸张缺点凸显。在制造木浆的过程中，由于受到非常激烈的机械作用许多纤维被分离，减短了纤维长度，因此用磨木浆制成的纸张强度一般不高，耐折性很差，容易老化，纸张含酸量很高，用这类纸书写或印刷的纸质文物被誉为“最脆弱”的书籍。

手稿是指作者亲手书写在纸张、布帛或者竹简之上的原稿。手稿与印本相比，具有独特的历史资料性与文化价值：（1）资料唯一性，手稿作为最初的版本形态，没有传写翻刻后产生的错讹，也没有后人的妄意删改，是最能反映作者原意的版本，同时手稿也是

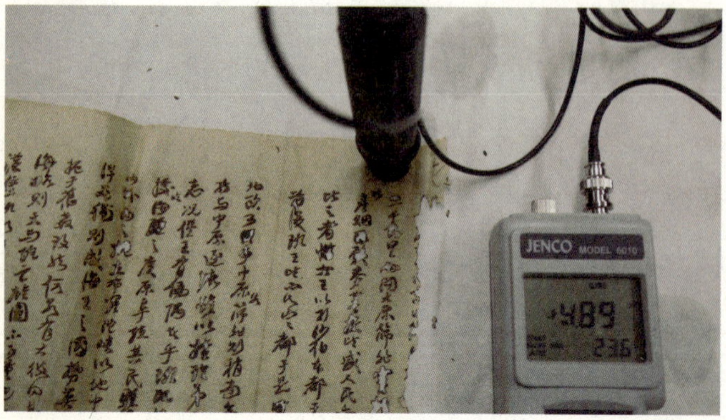

图 7　手稿纸张酸性较高（pH4.89）

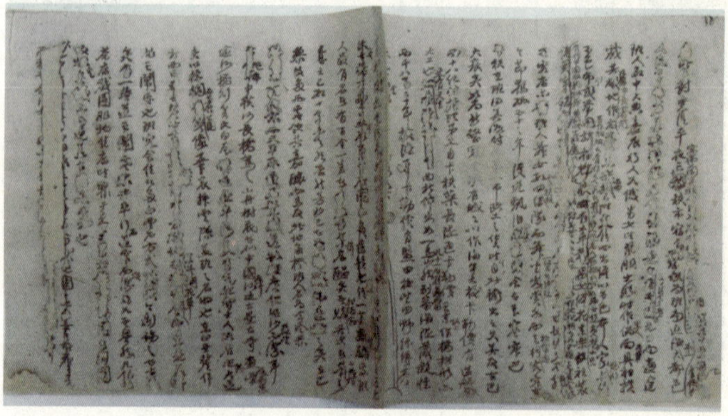

图 8　修复完成后的民国手稿样式

孤本；（2）书写材料用纸复杂性，由于手稿（特别是创作长篇著作）作者书写手稿的时期及政治经济文化背景不同，导致手稿的书写材料非常复杂，种类繁多；（3）手稿装帧的复杂性，作者在创作中（特别是长篇著作）会对之前的文稿进行反复修改以及对原文稿的文字进行删减或增加，在原文稿上粘贴纸张用于增加文字或裁切原文稿纸用于删除不要的内容，这就无意中造成了长篇文稿有的页面长短有别、大小不一等特殊情况，如有的手稿呈两页纸粘连的"人"字形。

修复这类破损时必须保留书稿上的一切信息及其原貌。但不适合用原件相同的纸来进行修复，因为原书稿所用的机械纸本身存在纸质脆化变酸的情况，如果选择机械纸作为修复用纸不但不能解决其病灶，而且会使书稿进一步酸化。因此，综合分析后选用了手工混料纸，其特点为既有皮纸的韧性又不失棉纸的柔软。在民国书稿虫蛀病害修复的案例中，为增强民国时期机械纸的耐折度与强度等，采用托裱法进行加固达到了较为理想的效果。

结论

在修复过程中应利用现代科技对古籍破损情况分析定级，基于修复原理综合考虑修复方案，选择合理的修复用纸以及适合的各种修复技法，在修复中保留原件的装帧等一切信息。古籍修复有一定的"理"，却没有一定的"法"。■

（照片提供：陈宁）

■ 作者简介

陈宁，上海博物馆副研究馆员。2017 年出版个人专著《古籍修复与装裱》。

■ 注释

① 杜伟生 . 中国古籍修复与装裱技艺图解 [M]. 北京：北京图书馆出版社，2003：7.

② 中国书画装裱工艺学院书画装裱教研室 . 中国书画装裱艺术 [M] 山东：齐鲁书社，2002：271.

■ 参考文献

[1] 童芷珍 . 古籍修复技术 [M]. 上海：上海古籍出版社，2014.

[2] 潘吉星 . 中国科学技术史・造纸与印刷卷 [M]. 北京：科学出版社，1998.

[3] 郑振铎 . 中国古代木刻书史略 [M]. 上海：上海书店出版社，2006.

[4] 杨永德 . 中国古代书籍的装帧 [M]. 北京：人民美术出版社，2006.

[5] 郑军 . 历代书籍形态之美 [M]. 济南：山东画报出版社，2017.

大事记

郑州商品交易所大事记

（1988—2020 年）

郑州商品交易所

沿革篇

1988 年 4 月，国务院发展研究中心和国家体改委联合成立了期货市场研究工作小组。同期，河南省政府成立期货批发市场课题研究领导小组，以河南省粮食局为依托成立郑州粮油期货市场课题组。

1989 年 7 月 24 日，河南省政府豫政文〔1989〕139 号同意成立“中央粮食批发市场暨郑州粮食期货交易所筹建办公室”。

1990 年 7 月 27 日，国务院以国发〔1990〕46 号文的形式向全国各省、自治区、直辖市和国务院直属单位发出《国务院批转商业部等八部门关于试办郑州粮食批发市场的报告的通知》。

1990 年 10 月 12 日，中国郑州粮食批发市场在嵩山南路 22 号华中宾馆成立。这是中国第一家引入期货交易机制的粮食批发市场。

1991 年 3 月 22 日，中国郑州粮食批发市场达成第一笔远期合约交易。

1992 年 10 月，中国第一部期货交易规则——《郑州商品交易所期货交易规则（试行）》诞生。

1993 年 1 月 1 日，中国郑州粮食批发市场搬迁至郑州市花园路 20 号宏丰大厦。

1993 年 3 月 1 日，在中国郑州粮食批发市场成功运行的基础上，河南省政府决定挂牌郑州商品交易所（以下简称郑商所）。

1993 年 5 月 28 日，郑商所顺利推出期货交易，实现了国务院确定的以现货交易起步、向期货市场发展的目标。

1995 年 6 月 19 日，郑商所加入国际期权（期货）市场协会，成为我国第一个加入该协会的交易所。

1996 年 12 月，郑商所按照中国证监会的要求完成会员制改造。

1997 年 5 月 26 日，郑商所搬迁至郑州市未来大道 69 号未来大厦。

1998年8月，国务院发布《关于进一步整顿和规范期货市场的通知》(国发〔1998〕27号)，确立中国证监会集中统一监管体系，郑商所为保留的3家期货交易所之一。

2000年12月29日，郑商所参加中国期货业协会成立大会。

2001年1月1日，按照中国证监会和河南省政府的要求，郑商所与中国郑州粮食批发市场正式分设，各自独立运行。

2002年6月，郑商所全资子公司郑州易盛信息技术有限公司成立。

2004年6月1日，棉花期货在郑商所上市交易，这是我国期货市场清理整顿以来第一个全新的期货品种。

2006年6月，人事部、全国博士后管理委员会批准设立郑商所博士后科研工作站。

2006年11月，郑商所开展人力资源管理改革，内部管理制度和治理机制进一步完善。

2006年12月18日，PTA期货上市，成为中国期货市场第一个化工类期货，推动郑商所从以农产品为主向综合性交易所转型。

2012年12月28日，郑商所全资子公司期货及衍生品研究所有限公司成立。

2013年7月18日，郑商所正式发布易盛农产品期货价格系列指数。

2014年9月8日，郑商所搬迁至郑州市商务外环路30号期货大厦。

2014年12月12日，郑商所启动夜盘交易。

2017年11月，郑商所发布企业文化核心内容。

2018年3月30日，郑商所综合业务平台上线，开展仓单交易和基差贸易相关业务。

2018年7月，中国证监会批准郑商所在新加坡设立代表处。2019年12月，新加坡金融管理局(MAS)批准同意设立郑州商品交易所新加坡代表处。

2018年11月29日，PTA期货正式引入境外交易者，郑商所开启国际化新时代。

2019年1月9日，中国证监会批复郑商所为合格中央对手方(QCCP)。

2020年9月29日，郑商所通过评估被欧洲证券及市场管理局(ESMA)列入交易后透明度和限仓评估两项正面清单，系我国首家列入两项正面清单的交易所。

2020年10月12日，郑商所暨中国期货市场30周年座谈会顺利召开。

2020年12月1日，郑商所获得新加坡金融管理局批准，成为新加坡认可市场运营商(RMO)。

技术篇

1993年5月，启用第一期计算机交易系统，这是国内第一套双向复式竞价交易系统。

1994年9月，启用第二期计算机交易系统，席位机终端方式改为网络工作站方式，交易席位由60个扩展到300个。

1997年11月1日，率先实行仓单计算机管理(电子仓单)和仓单通用。

1997年11月28日，启用第三期计算机交易系统，“内存撮合”设计实现撮合速度飞跃式提高。同时，实现了席位机和主机之间以及主机相关进程之间的实时可靠通信。

2005年，率先推出组合订单和组合保证金，极大地方便了套利交易者。

2005年4月29日，启用第四期计算机交易系统，可容纳多种订单类型，支持商品期权和做市商双向报价等。

2015年9月7日，启用第五期计算机交易系统，采用新订单排序撮合算法，全面支持期权功能。系统订单处理峰值超过每秒2.3万笔，相当于原有系统处理能力的3倍，平均订单处理时延由10毫秒大幅降至400微秒。

2016年，完成技术中心交易系统软硬件的安装部署，实现技术中心至期货大厦和郑东同城灾备中心的网络连通及系统测试，12月19日，郑商所技术中心同城灾备系统正式运行。

品种篇

1. 2000年之前郑商所交易品种

1993年5月28日，郑商所推出期货交易，当日上市小麦、玉米、大豆、绿豆、芝麻五个期货品种。

1994年，郑商所增加花生仁、豆粕、红小豆、粳米、铝、棉纱、国库券等品种。

1995年，郑商所与郑州建材交易所合并后，增加水泥、浮法玻璃、胶合板等品种。

1995年5月23日，中国证监会发文，郑商所上市绿豆期货合约，小麦、玉米、花生仁、豆粕、芝麻、棉纱、425号普通硅酸盐水泥、5毫米无色浮法玻璃、胶合板期货合约为试运行合约，其余品种退出期货交易。

1998年8月1日，根据国务院《关于进一步整顿和规范期货市场的通知》，郑商所保留小麦、绿豆、花生仁、红小豆4个品种，其余品种退出期货交易。

2. 2000年之后郑商所期货品种

表1 2000年之后郑商所期货品种上市时间一览表

品种	上市时间
强麦（WH）	2003年3月28日
棉花（CF）	2004年6月1日
白糖（SR）	2006年1月6日
PTA（TA）	2006年12月18日
菜籽油（OL）	2007年6月8日
早籼稻（RI）	2009年4月20日
甲醇（MA）	2011年10月28日
普麦（PM）	2012年1月9日
玻璃（FG）	2012年12月3日
菜籽粕（RM）	2012年12月28日
油菜籽（RS）	2012年12月28日
动力煤（ZC）	2013年9月26日
粳稻（JR）	2013年11月18日
晚籼稻（LR）	2014年7月8日
硅铁合金（SF）	2014年8月8日
锰硅合金（SM）	2014年8月8日
棉纱（CY）	2017年8月18日
苹果（AP）	2017年12月22日
红枣(CJ)	2019年4月30日
尿素(UR)	2019年8月9日
纯碱（SA）	2019年12月6日
短纤（PF）	2020年10月12日

注：强麦、普麦为已有品种改造。

3. 郑商所期权品种

表2 郑商所期权品种上市时间一览表

品种	上市时间
白糖	2017年4月19日
棉花	2019年1月28日
PTA	2019年12月16日
甲醇	2019年12月16日
菜籽粕	2020年1月16日
动力煤	2020年6月30日

一场火灾引发的股票

——京师自来水有限公司股票

张陶　张勇

图 1　京师自来水公司旧址

中国证券博物馆“锦上添花万象新——湘财历道藏品精华展”展示有晚清民国时期各行业的股票，其中一张是京师自来水有限公司的股票，它的来历被人们概括为“一场火”引发一张“股票”，又由这一张“股票”引出了一段故事。

在饮用自来水以前，京城居民都习惯于挖土井取浅层地下水供日常生活之需，但水质咸苦，不宜饮用。光绪三十四年（1908 年）前后，京城连着发生了几起火灾，由于运水扑救不及时，造成了很大的损失。于是，农工商部大臣溥颋、熙彦和杨士琦等人给慈禧太后和光绪皇帝上奏折称“京师自来水一事……为京师地方切要之图，亟宜设法筹办”。

展厅中的这张京师自来水有限公司股票，就是当时集资兴办自来水厂的重要见证物。该股票呈方形，版式为传统的碑式，边缘饰以花卉、草叶和几何纹，简约而又富有艺术美感。票面下方中央印有“京华印书局代印”字样，京华印书局是由京都官书局演变而来的，最早可追溯至康有为等人发起的强学会（书局）。甲午战争失败后，一批官员探索自强之道，希望通过培养人才开通“风气”，因守旧势力的打压而很快破产，随后又设立了京都官书局。几经辗转，其性质由官办最终转为商办，易名为京华印书局。① 在边饰的上方中央印有“京师自来水有限公司”，自右向左呈拱形排布。公司名称下方有股票编号“第拾玖萬玖千玖佰玖拾柒至贰拾萬零零零贰拾陆号”②，一股为一号，计 30 号。编号下方为入股金额“龙银叁百圆”，龙银是清代的一种中国银元，1889 年开始铸造，币面以龙为肖像，故俗称“龙洋”。股票边饰框中文字为：

“本公司奉农工商部奏，定官督商办，官任监查保护之责，商任集股经理之事。一切股东权利公司内容，悉遵照商律股份有限公司章程办理。召集股本龙银叁百萬圆，分作叁拾萬股，每股拾圆，详章另载息单附给。

股东 钱桂记 系 江苏省 籍

正股叁拾股

光绪叁拾肆年柒月拾伍日给

总理 周学熙（签字并撳印）

协理 孙多森（签字并撳印）

票背所载　华文各节　执此票者　务须注意”

由股票信息可知，京师自来水有限公司是农工商

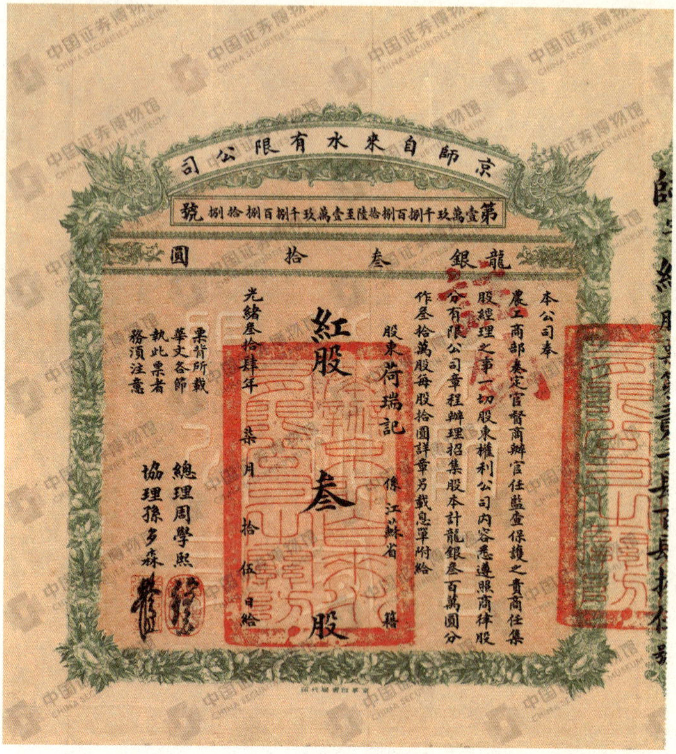

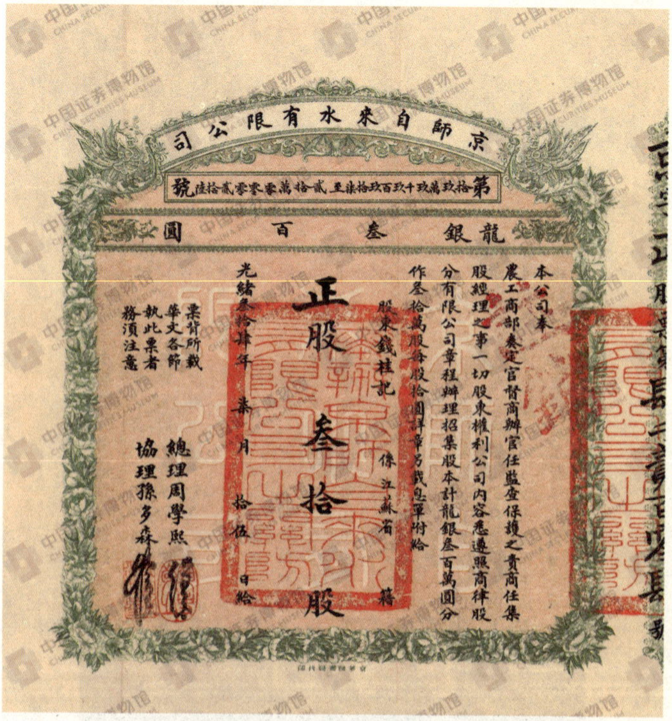

图 2　京师自来水有限公司光绪三十四年（1908 年）发行的股票（中国证券博物馆馆藏）

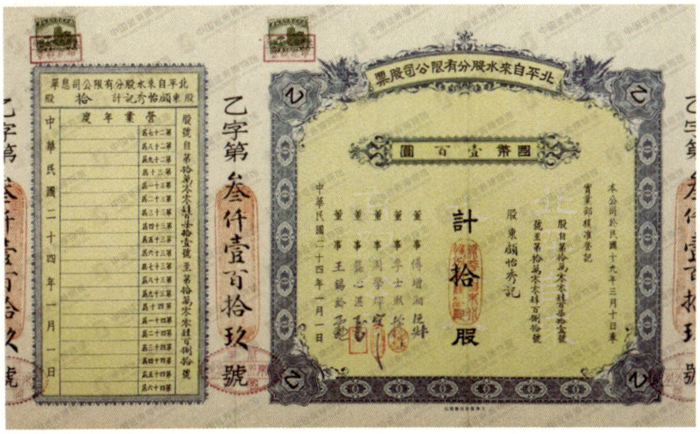

图 3　北平自来水股分有限公司股票（中国证券博物馆馆藏）

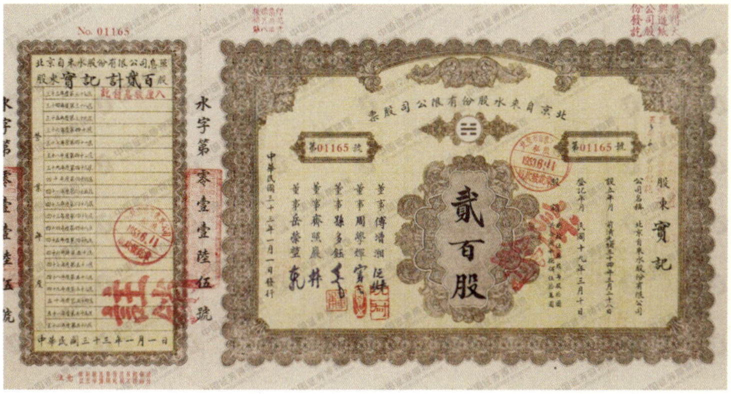

图 4　北京自来水股份有限公司股票（中国证券博物馆馆藏）

部奏请成立的“官督商办”企业，农工商部是清末新设的中央农业、工业和商业管理机构。

股票内容中明确了“官”“商”各自的职责，即政府负责“监查保护”；公司负责“集股经理”。由于清政府国库空虚，创办公司又耗资庞大，于是采用了发行股票的方式。“股东权利”和“公司内容”都按照“商律”执行，这里的商律指的是 1903 年清政府仿照西方法律制定的第一部法律——《钦定大清商律》，它是清末法律改革中颁布最早的新法，也是中国历史上第一部独立的商事法律。[③] 商律由《商人通例》和《公司律》组成，《公司律》将公司分为合资公司、合资有限公司、股份公司、股份有限公司 4 种，股票明确了京师自来水有限公司是“股份有限公司”。

股票中提到此次股票股本为“龙银叁百萬圆”，一共 30 万股，每股 10 元，详细章程在给付的息单上。

随后填写有持股人、参股数量和发行日期。该股票持有者为江苏一家“钱桂记”的店铺或钱庄，古代商铺名称后加“记”字。在古装剧中，我们经常看到街边商铺写着“张记”“王记”这样的牌子。“记”原本为“志”意，即“标志”，为今“商标”之意。今天仍有许多企业或商店的名字为“某某记”，如台湾的“徐福记”。因此该股票应该属于一个“企业法人投资者”，且是京外投资者，表明股东没有局限在京城。该股东持股 30 股，光绪三十四年七月十五日购买。

京师自来水有限公司“总理”是周学熙，“协理”是孙多森，二人都是清末民初实业界的代表人物，他们的父辈都是洋务运动的重要参与者。农工商部在呈给慈禧和光绪的奏折中推荐“在直隶历办工艺局厂，成绩昭著”“谙熟商情，声望素孚”的前署直隶按察使、长芦盐运使周学熙负责京师自来水事宜。[④] 周学熙祖籍浙江建德县，洋务运动重要人物周馥之子，受其父影响颇深。周学熙受命经办京师自来水厂后，计划募集股本总额 300 万元，并且专招华股，还有许多灵活的优惠政策，如交股金在先者十股送一股等，故资金迅速到位。[⑤] 展厅中也能看到另一张标明“龙银叁拾圆”“红股叁股”的京师自来水有限公司股票。

资金到位后，周学熙“经履勘审慎，始克测定孙河三水异常甘美，且源泉不竭，最为适用”，选定北京东北20公里外的孙河（今温榆河）为京师自来水水源。随后就着手铺设管道、兴建水厂，水厂建在东直门，厂区建水塔，敷设大小钢管，各街道设水龙头，供水设备、器材统统从德国采购。东直门自来水厂水塔是北京的第一座水塔，由德国设计师建造，其精美的设计和宏伟的造型是北京东部一道亮丽的风景，这座水塔在解放前夕，还一度被用作瞭望塔，作为观察敌机的前哨，1957年因城市建设需要被拆除。[⑥]

京师自来水有限公司于1908年成立，1910年正式向北京城内供水。但是，在京师自来水实业的筹办、建设和最终投入使用的过程中也出现了一系列问题，如市民质疑自来水管线破坏风水，有人污称自来水为“洋胰子水”，公司与原售水商贩产生利益冲突及市民偷水等，以致公司连遭亏损，投用之初经营一度出现困难，股票到期也无力付息。[⑦]

官督商办、国人自办的第一家自来水公司——京师自来水有限公司，因其地位十分重要而被称为“京师第一股”，中国证券博物馆展出的这张股票正是这次股票发行的见证，在这只股票背后还隐藏着很多当年的故事，如同自来水一般汩汩流出……

随着时代的发展，京师自来水有限公司在民国时期也曾多次招股募资。1921年，自来水需求量不断增大，公司为扩大规模拟向外国借款筹资，但各国的要求极其苛刻，于是开始第二次发行股票，名称仍然沿用“京师自来水有限公司股票”，但并未向社会公众发售，而是采用内部扩股、无偿增资的方式，但在军阀混战时期实际上并未真正扩大公司规模。1935年，遵照新《公司法》规定的股票上至少有董事五人署名的要求，将旧版股票换为新版，股票名称变更为“北平自来水股分有限公司股票”。1944年，为了扩大水厂规模，同时清理核查公司资产，开始第三次发行股票，股票名称为“北京自来水股份有限公司股票”。[⑧]

1949年，中华人民共和国成立前夕，北京自来水公司承担了制作开国大典国旗旗杆的光荣任务。周恩来总理指示工作人员为升旗仪式布置一根高达35米（相当于12层楼高）的旗杆，旗杆与天安门城楼（1949年的城楼高33.87米）形成完美的比例。工作人员冥思苦想都未能找到解决办法，最后到北京自来水公司考察时想出了用水管焊接旗杆的办法。于是，工人们将水管一节节套上焊接起来，但只能达到22.5米高，[⑨]因为受到当时技术的限制，且焊接时需将四种规格的水管按规格从下往上由粗到细焊接，否则难以在如此高度保证旗杆的稳定性。旗杆装好后，有人提议由毛泽东主席亲手升起第一面五星红旗，但毛主席在天安门城楼上，于是工作人员想到了国外电动旗杆的技术，就采用了电动旗杆的方案，这项技术在国内使用尚属首次。工程师和工作人员夜以继日地设计了方案，在长安街、金水桥和天安门城楼东南角埋设了管道和导线，将城楼上的开关和旗杆连接。在10月1日凌晨预演调试电动升旗装置时一度出现故障停止，经过检修和反复调试才恢复正常。为应对电动升旗装备再次发生故障，确保中华人民共和国第一面国旗万无一失地顺利升起，大典筹备委员会又安排了 4 名解放军战士担任护旗卫士作为故障时的升旗手。10 月 1 日，毛主席在仪式上按动电钮，中华人民共和国的第一面五星红旗在雄壮的国歌声和众人的注目中徐徐升起。[⑩] 这根见证了历史的旗杆在 1991 年 4 月 15 日完成使命后，于第二天运至国家博物馆永久珍藏。[⑪]

几经更迭，原来的京师自来水有限公司演变成了现在的北京自来水集团有限公司，而东直门水厂也作为北京自来水博物馆向世人诉说着北京自来水的历史。[⑫] ■

■ 作者简介

张陶，中国证券博物馆展览组工作人员。

张勇，中国证券博物馆研究组工作人员。

■ 注释

① 王晓霞．书局与政局：京都官书局始末 [J]. 现代出版，2019（2）.

② 横线上内容为毛笔填写，其余股票内容为印刷的，后文与此相同。

③ 胡静轩．晚清《钦定大清商律》研究 [D]. 合肥：安徽大学，2012.

④ 田玲玲．简析清末京师自来水公司的创立 [J]. 首都师范大学学报（社会科学版），2009（S1）.

⑤ 陈凯．京师自来水公司创建的始末——早年一则“京津冀协同发展”的故事 [J]. 北京档案，2017（3）.

⑥ 北京自来水集团．走进北京自来水博物馆　探秘自来水的来龙去脉 [EB/OL].[2008-05-21]. 新京报网，http://www.bjnews.com.cn/feature/2018/05/21/487780.html.

⑦ 陈凯．京师自来水公司创建的始末——早年一则“京津冀协同发展”的故事 [J]. 北京档案，2017（3）.

⑧ 梁淑云．北京自来水公司早期股份制的发展 [J]. 艺术品鉴，2016（3）.

⑨ 郑宏．天安门广场国旗旗杆高度设计研究 [J]. 北京规划建设，2012（6）：168-174.

⑩ 王玉琴．开国大典，他设计的旗杆高扬五星红旗——记“旗杆设计师”林治远 [J]. 炎黄纵横，2020（1）：4-6.

⑪ 开国大典国旗杆及壁画《血肉长城》在国博恢复落成 [J]. 中国国家博物馆馆刊，2011（7）：158-159.

⑫ 宋惕冰．百年信档见证京师自来水公司 [J]. 北京文博文丛，2015（2）.

中国早期电影的摇篮
——上海明星影片股份有限公司股票

张冠琼

上海明星影片股份有限公司（或称明星影片公司），是中国近代一家著名的私营电影企业，也是中国早期电影的摇篮。

中国证券博物馆展厅内陈列着上海明星影片股份有限公司1930年发行的股票及股票封套。与当时的大多数股票一致，该股票呈方形，边框装饰有花卉草叶、电影胶片及人物等，其中的胶片元素和人物头像等富有电影行业特色。

在股票下缘边框外有“上海商务印书馆代印”字样。商务印书馆是中国现代印刷业著名出版机构，从这张股票可知，其业务范围并未局限在书籍上，而是拓展到了有价证券印刷业务方面，这张股票是近代证券印刷研究的实物资料。在股票的上方边框中央印有公司名称“上海明星影片股份有限公司”，略呈弧形排布。

在公司名称下方有一红色五角星和象征五角星光芒的条纹及云纹，这个标志常常出现在明星影片公司的

图1 民国二十五年（1926年）明星影片公司有声摄影场透视图

图2 民国时期著名影星胡蝶照片

海报、照片等资料和明星影片公司电影片头中。在一张1926年1月的“明星影片公司有声摄影场透视图”照片里，五角星标志悬在摄影场正中央，上方有类似光芒的建筑装饰。在明星影片公司出品的电影的片头，首先映入的是一个散发着光芒的大五角星被许多小五角星围绕的画面。五角星宛如一颗明亮的星星，与公司名称中的“明星”语义契合，因此，五角星可能是明星影片公司当时的商标标志。

在五角星左右下方分别印有“工商部注册”“资本念万圆”，其中“念”为“廿”的大写，意为二十，表明股票发行总额为20万元。五角星正下方是该股票股数“计五拾股”。股票正文内容如下：

本公司资本总额定为国币念万圆，分作贰万股，每股计国币拾圆，一次收足。于民国十八年三月十一日，由国民政府工商部颁发执照在案。兹有股东贵记君，附入本公司股分伍拾股，照章计共缴国币伍佰圆整，合给股票为证。

董事　张石川　张长福　袁履堂（签字并揿印）

中华民国十九年六月八日给

股票正文内容言简意赅，载明了股票发行总额、总股数、持股人及其持股数量和认缴金额、董事、发行日期等。股票中三名董事之一的张石川是明星影片公司历史上的重要人物。

1922年3月，张石川、郑正秋、周剑云、郑鹧鸪、任矜苹等人在上海发起创办了明星影片公司。张石川为中国第一代导演，他倡议组建了明星影片公司。张石川历经商场起伏，是中国早期电影商业探索的第一人。

明星影片公司在1922年2月19日筹备之初，就在《申报》上刊登招股启事，向社会公开发行股票。从1922年成立至1937年停办，其间公司至少发行了5次股票，中国证券博物馆所收藏的这张股票是迄今可查的最后一次发行的股票。经过数次发行的股票，明星影片公司逐渐发展成了具有现代企业雏形的股份制企业，推出了许多优秀的电影作品，推动了中国电影业的发展。在明星影片公司15年的历史中，共拍摄无声故事片142部、有声故事片50部、动画短片13部、短纪录片30余部，其中有许多耳熟能详的优秀作品，如早期的《孤儿救祖记》《火烧红莲寺》《歌女红牡丹》等。

在发展后期，受左翼思想影响，明星影片公司的拍摄题材从武侠、神怪、言情等转向与现实社会相结合，在题材、主题、艺术等多个层面有了新的特质，在特殊的时代背景下将一份深沉的民族情怀带入相关电影的创作中，通过拍摄进步电影表达对现实社会问题的关注、对民族出路的思考，开始关注社会矛盾及底层劳动者的觉醒与反抗。

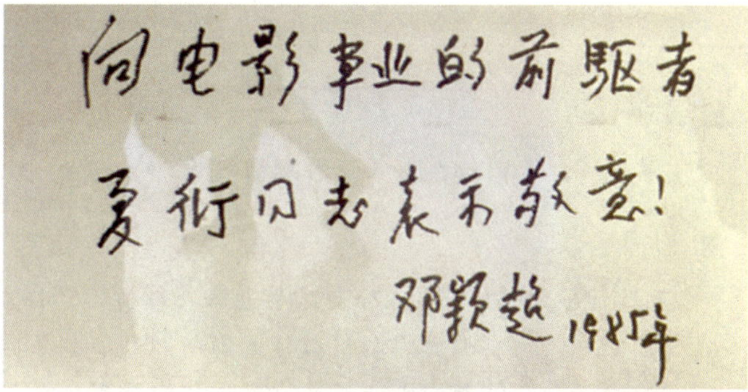

图3　邓颖超题词

1932年，明星影片公司邀请夏衍、阿英、郑伯奇任编剧顾问，促成与左翼文艺工作者的合作，拍摄了《狂流》《春蚕》《铁板红泪录》《女性的呐喊》《上海二十四小时》等一批以反帝反封建为主题的影片，成为左翼电影运动的基本阵地，为中国共产党地下组织领导电影事业提供了契机。1934年，艺华影业公司被捣毁后，明星影片公司管理层经过短暂徘徊，又主动找到中国共产党的电影工作者，要求进行第二次合作，并于1936年7月1日进行了革新和改组，明确提出“为时代服务”的制片方针，建立了明星一厂、二厂。明星二厂吸收了由电通股份有限公司转来的一批左翼电影工作者，制作了《十字街头》《马路天使》等一批受到大众喜爱的电影。

1922—1937年，明星影片公司培养了包括编剧、导演、演员、摄影、美工、录音、剪辑、洗印、发行在内的电影事业全套人才。

明星影片公司经历了从无声片到有声片的变革，见证和推动了中国电影的进步，为中国共产党对中国电影事业的领导提供了一定的条件，是一个为中国早期民族电影事业兴起、发展、进步做出过历史贡献的

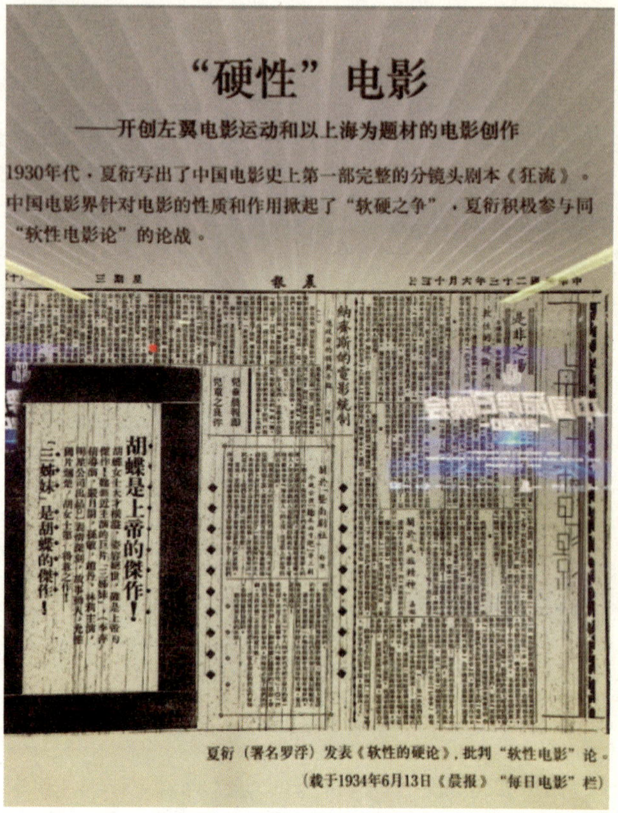

图4　徐汇地铁站《纪念夏衍诞辰120周年（1900—2020）》展板

电影公司。

1937年抗日战争爆发，生产陷于停顿。次年，总厂毁于战火，制片基地严重受损，被迫停业。明星影片公司是中国电影事业发展史上经营时间最长、摄制影片最多、具有广泛社会影响的民营影片公司。■

■ 作者简介

张冠琼，中国证券博物馆研究组组长。

■ 参考资料

[1] 韩畅 . 1933年明星公司对于电影新题材的开拓 [J]. 电影文学，2017（23）.
[2] 韩畅 . 感应时代律动，引领电影新潮 [D]. 石家庄：河北师范大学，2018.
[3] 艾青 . 中国电影事业的开拓者——明星影片公司研究 [D]. 上海：复旦大学，2010.

“老八股”：改革开放后中国股市的先行者

朱杰莉

1990 年 12 月 19 日，上海证券交易所正式开业，开启了中国资本市场发展的新篇章。

何谓“老八股”

上海证券交易所开业之初，首批仅有 8 只股票上市挂牌交易，这 8 只股票分别为延中实业、真空电子、飞乐音响、爱使股份、申华电工、飞乐股份、豫园商场、浙江凤凰。这 8 只股票是改革开放后我国第一批在上海证券交易所上市交易的股票，俗称“老八股”。上海证券交易所成立后的 1 年多时间里没有新股上市，“老八股”被投资者们交易了 1 年多，成为投资者们的街头巷尾经常讨论的名词，给早期投资者们留下了深刻的印象。直至 1992 年 1 月 13 日兴业房产上市，上海证券交易所的“老八股”才有了“新伙伴”。1992 年 2 月邓小平南方谈话后，我国证券市场上市公司数量开始逐年增加。

“老八股”是依托资本市场来推进我国产权改革的破冰之作，这 8 家企业有一些共同的特点，如规模不大，主要是集体企业，方便进行改制。“老八股”是我国证券市场的早期试点之作，实现了通过市场融资渠道解决企业经营困境的目的，这一示范效应也推动大批国有企业纷纷进入股市，对我国经济体制改革产生了深远的影响。

如今，“老八股”已经成为中国资本市场发展的重要记忆，它们不仅是我国证券市场发展的成就，也是改革开放最为瞩目的成果之一。截至 2020 年 11 月，上海证券交易所上市公司已发展到 1760 多家，上市股票数量已从“老八股”这 8 只发展到了 1800 多只。

“老八股”简介

飞乐音响：1984 年 11 月 14 日，上海飞乐音响股份有限公司成立，向职工及社会公众发行股票，是改革开放后上海最早公开发行股票的股份制企业之一。这次发行的股票，是我国改革开放后第一张真正意义上的股票。人们习惯称之为“小飞乐”。

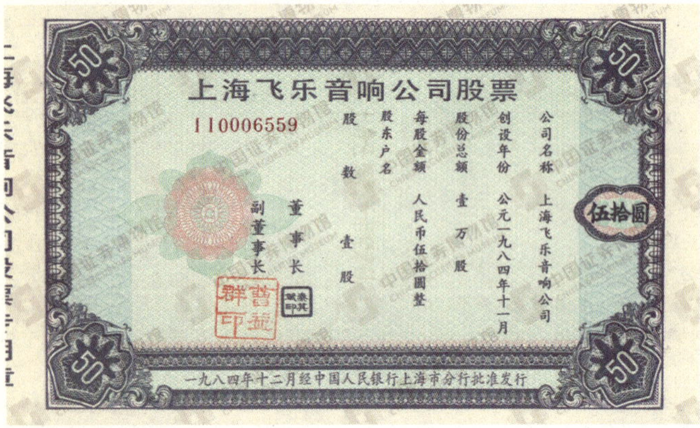

图 1　上海飞乐音响股份有限公司 1984 年发行的股票（中国证券博物馆馆藏）

图 2　上海延中实业有限公司 1985 年发行的股票（中国证券博物馆馆藏）

延中实业：上海延中实业股份有限公司的前身是上海静安区延安中路街道的一家集体事业管理机构。1985 年 1 月，经中国人民银行上海分行批准，公司向社会公开集资发行股票 10 万股。1986 年 9 月 26 日，延中实业与飞乐音响两只股票率先在中国工商银行上海信托投资公司静安证券业务部柜台交易。

爱使股份：上海爱使电子设备股份有限公司于 1985 年 1 月公开发行股票，实收股本 40 万元。1991 年 8 月，经中国人民银行上海分行批准，公司向社会增发 230 万元股票，实有资产达到 1300 万元，股东为 3000 多名。

真空电子：1986 年，上海市选择了 8 家国营大中型企业进行股份制试点，上海真空电子器件公司被批准为股份制试点企业，成为上海第一家实行股份制的大中型国有企业。1987 年 1 月 12 日，真空电子发行普通股 14.5 万股。

申华电工：上海申华电工联合公司于 1987 年初向社会公开发行了总额 100 万元的股票，是“老八股”中唯一一家上海市郊区企业。1990 年 12 月 18 日，申华电工股票在上海证券交易所上市，是早期中国证券市场中著名的“三无概念股”（无国家股、无法人股、无外资股）。

飞乐股份：上海飞乐股份有限公司原为上海飞乐电声总厂，成立于 1980 年，是由全民企业上海无线电十一厂、集体企业上海电子元件十厂和上海风雷广播器材厂联合组成的国营、集体联营企业。人们习惯称其为“大飞乐”。

豫园商场：上海豫园旅游商城股份公司是在上海豫园商场股份有限公司的基础上重新组建的股份制企业。豫园商场是上海著名的老城隍庙市场，共有 63 家商店，原分别归属国营、集体不同的所有制。1987 年 6 月，豫园商场全部国营商店和集体商店联合组成统一的股份有限公司，以发挥老城隍庙经营特色，扩大经营规模，是上海首批试点股份制的企业之一。

图 3　上海豫园商场股份有限公司 1988 年发行的股票（中国证券博物馆馆藏）

浙江凤凰：浙江凤凰化工股份有限公司是 1988 年 10 月由原兰溪化工总厂改组而成的，是浙江省第一家国营大中型股份制企业。公司主要生产日用化工产品和化工原料。浙江凤凰作为“老八股”之一，是第一个在上海上市的外省市股票，标志着上海的证券交易已打破了行政区域的限制。

“老八股”今夕

只要谈起“老八股”，许多年纪稍长的投资者都能如数家珍地道出它们的名字。但在如今灿若星辰的 A 股市场上，已很难寻觅到“老八股”。延中实业今为方正科技，真空电子今为云赛智联，爱使股份更名为游久游戏，申华电工更名为申华控股，飞乐股份改名为中安消，浙江凤凰曾改名为博元投资，后因财务造假而被强制退市。“老八股”中，如今只有豫园商场和飞乐音响还保留着原名。

序号	老八股	公司全称	现名
1	飞乐音响	上海飞乐音响股份有限公司	飞乐音响
2	延中实业	上海延中实业股份有限公司	ST 方科
3	爱使股份	上海爱使电子设备股份有限公司	ST 游久
4	真空电子	上海真空电子器件股份有限公司	云赛智联
5	申华电工	上海申华电工联合公司	申华控股
6	飞乐股份	上海飞乐股份有限公司	ST 中安
7	豫园商场	上海豫园旅游商城股份公司	豫园股份
8	浙江凤凰	浙江凤凰化工股份有限公司	退市博元

伴随着 A 股“后浪”的不断涌现，“老八股”见证着中国证券市场不断翻开新的一页，它们的前世今生，也反映了中国资本市场改革开放进程的持续推进。■

■ 作者简介

朱杰莉，中国证券博物馆藏品组组长。

■ 参考资料

刘凤茹．老八股现状调查，逾六成主业变更 [N]. 北京商报，2020-02-20.

博物馆动态

张宁同志个人藏品捐赠仪式在上海证券交易所举行

2020 年 12 月 19 日下午，上海证券交易所原监事长、上海证监局原局长张宁同志个人藏品捐赠仪式在上海证券交易所新大楼的交易大厅隆重举行。上海证券交易所监事长潘学先代表中国证券博物馆接受捐赠藏品，并为张宁同志颁发捐赠证书。上海证券交易所副总经理刘绍统同志出席仪式并致辞。张宁同志家属代表、离退休干部员工和优秀青年员工代表参加了此次捐赠仪式。

仪式上，张宁同志将自己四十余载职业生涯中，见证资本市场发展历程的珍贵收藏无偿捐赠给中国证券博物馆。捐赠的藏品包括债券样张 110 枚、股票样张及股票 70 枚、股票认购证 60 枚、中国公司美国存

图 1　上海证券交易所监事长潘学先代表中国证券博物馆接受捐赠藏品，并为张宁同志颁发捐赠证书

图 2　上海证券交易所副总经理刘绍统致辞

图 3　上海证券交易所原监事长、上海证监局原局长张宁发言

股证 17 枚、上市纪念物 31 件及证书 7 份，共计 199 组 295 件藏品。对于张宁同志及其家属的慷慨馈赠，刘绍统副总经理表示他们为上海证券交易所和中国证券博物馆献上了一份生日大礼！张宁同志亲历了上海证券交易所的诞生、发展、壮大，为上海证券交易所三十年来取得的成就做出了贡献！现在，正处于“两个一百年”奋斗目标历史交汇期的新一代上交所人，必须学习老一代上交所人的开拓精神和奉献精神，团结一心、守望互助、勇于担当、全情投入，朝着把上海证券交易所建设成为与我国社会主义现代化强国相匹配的世界领先交易所目标共同奋斗！

捐赠人张宁同志在讲话中表示，四十多年的收藏留在自己手中只是一个美好的回忆，捐赠给中国证券博物馆则可以让更多的人看到改革开放后中国资本市场发展的历史见证。她还表示，感谢改革开放的好时代，使她有机遇在早期参与中国资本市场的建设，有机会收藏这些史料珍品，作为上海证券交易所的筹建人之一，从未想到三十年间会有如此快速的发展，从未想到只用了三十年时间，上海证券交易所已成为全球第三大证券交易所，坚信迈入新时代的中国资本市场一定会取得更辉煌的成就。张宁同志对家属的支持也表示了感谢。■

（图片拍摄：周舶）

哞！中国证券博物馆吉祥物“正正”牛来啦！

大家好！我是正正，“正”与“证券”一词中的“证”字同音，同时寓意“规范、透明、开放、有活力、有韧性的资本市场”。

2020 年 12 月 22 日，是中国证券博物馆揭牌两周年的纪念日，吉祥物“正正”和大家见面啦！

中国证券博物馆吉祥物“正正”以牛为原型进行创意设计。

文化内涵

牛，在文化语义中一般表达为勤劳勇敢、忠厚老实、力量强大、吉祥健康之意，在当代口语表达中，更引申为能力突出、出类拔萃之意。

行业象征

在资本市场中，牛是投资人和社会公众最喜爱的动物形象。高大健硕、牛角上顶的公牛寓意着市场上升之势，表达了人们对财富和前景的美好期盼。

吉祥物巧妙地将牛的形象、人工智能与博物馆讲解员形象融合。吉祥物的脑袋与博物馆 LOGO 造型呼应，面部的液晶屏又好似计算机、手机屏幕，与现代的交易工具呼应，凸显科技感，便于新媒体推广传播。

吉祥物将牛鼻子化作金元宝，寓意着对资本市场发展的敏锐嗅觉。牛角好似上升的箭头，可根据不同应用场景进行色彩变化，使其延展更具趣味。

吉祥物红金主色与博物馆LOGO主色呼应，张开臂膀，拥抱未来，沿用博物馆LOGO标准色彩，可搭配不同服饰。整个吉祥物造型简洁，寓意深刻，便于后期制作与开发。■

中国证券博物馆吉祥物三视图

吉祥物正面

吉祥物侧面

吉祥物背面

吉祥物动态延展

吉祥物表情包延展

可爱

开心

喜欢

闪亮

悲伤

错误

愤怒

俏皮

点赞

OK

鼓掌

欧耶

中国资本市场“三十年·一句话”征集活动来稿展示

30年前，改革开放后中国资本市场的巨幕缓缓拉开。

30年来，中国资本市场已发展成为世界上参与人数最多、市值规模第二的重要市场，走出了一条具有中国特色的资本市场发展道路。

回首来时路，郁郁满芳华。为系统记录、收集、整理中国资本市场发展历程资料，保存资本市场文化资源，讲好中国资本市场故事，坚定证券期货行业文化自信，中国证券博物馆举办了中国资本市场“三十年·一句话”征集活动。

征集活动得到了资本市场开拓者、建设者、投资者、专家学者、媒体记者、社会公众等各界人士的大力支持，收到逾八百份中国资本市场亲历者的“印迹”，在此表示衷心感谢！

此次发布其中十位开拓者、领导者、建设者的感言，更多精彩感言将在博物馆的传播媒体及展览中呈现。■

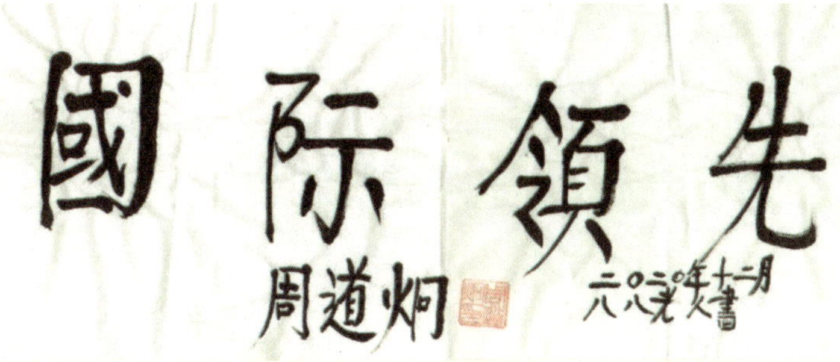

周道炯（中国证券监督管理委员会原主席）

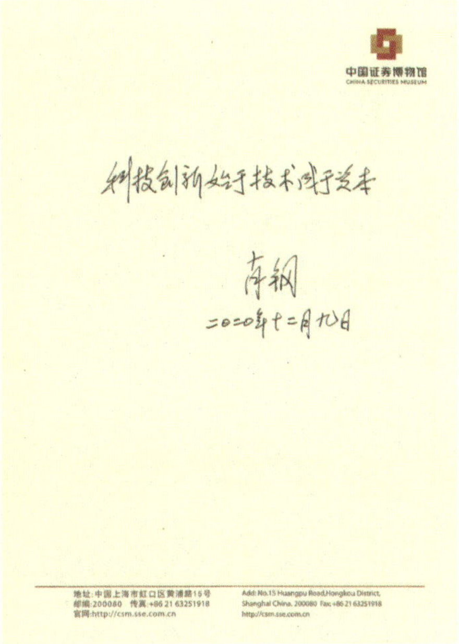

中国证券博物馆
CHINA SECURITIES MUSEUM

科技创新始于技术成于资本

肖钢
二〇二〇年十二月九日

肖钢（中国证券监督管理委员会原主席）

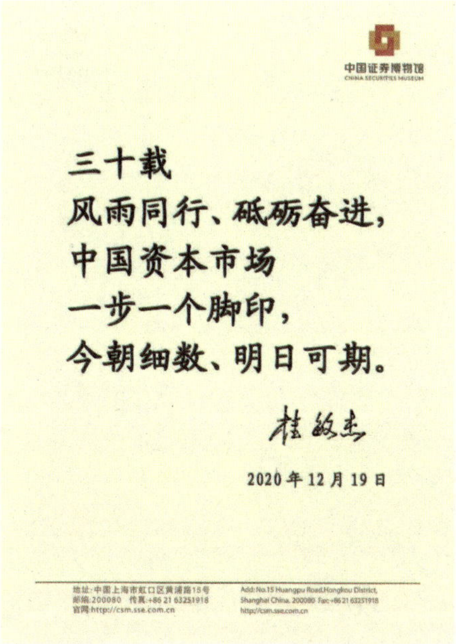

中国证券博物馆
CHINA SECURITIES MUSEUM

三十载
风雨同行、砥砺奋进，
中国资本市场
一步一个脚印，
今朝细数、明日可期。

桂敏杰

2020年12月19日

桂敏杰（中国证券监督管理委员会原副主席）

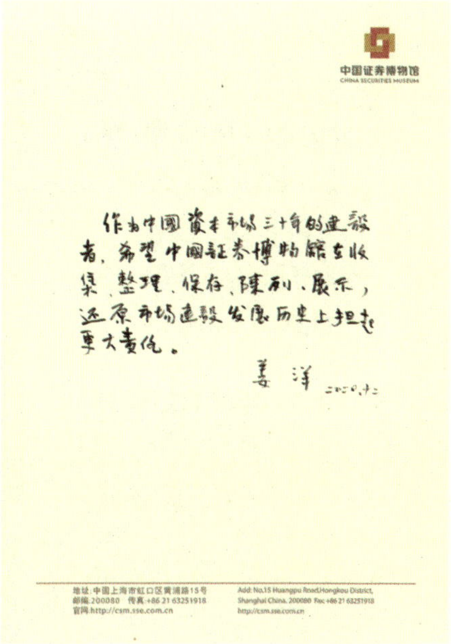

中国证券博物馆
CHINA SECURITIES MUSEUM

作为中國資本市場三十年的建設者，希望中國証券博物館在收集、整理、保存、陳列、展示，还原市場建設发展历史上担起更大責任。

姜洋 二〇二〇.十二

姜洋（中国证券监督管理委员会原副主席）

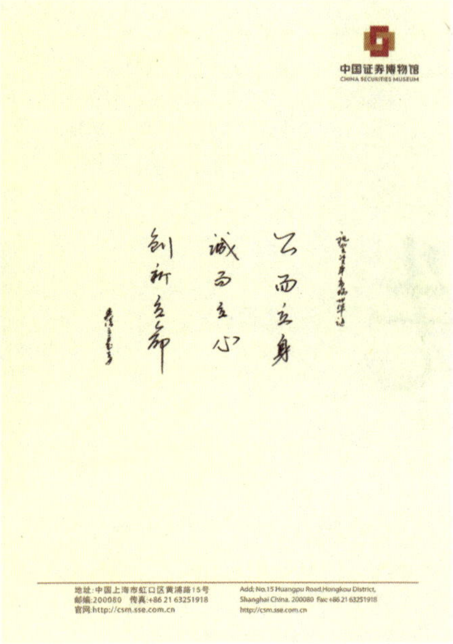
立而立身
诚而立心
创新立命

吴清（上海市副市长　上海证券交易所原理事长）

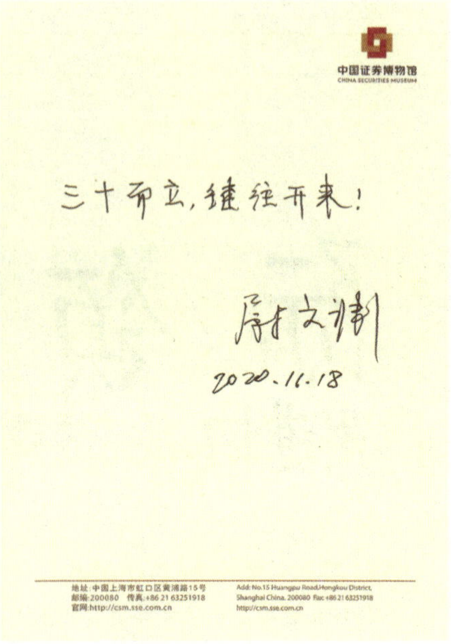
三十而立，继往开来！
尉文渊
2020.11.18

尉文渊（上海证券交易所第一任总经理）

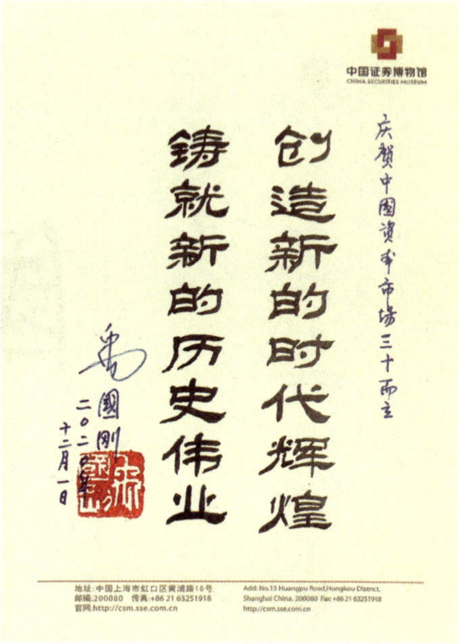
庆贺中国资本市场三十而立
创造新的时代辉煌
铸就新的历史伟业
禹国刚
二〇二〇年十二月一日

禹国刚（深圳证券交易所第一任副总经理）

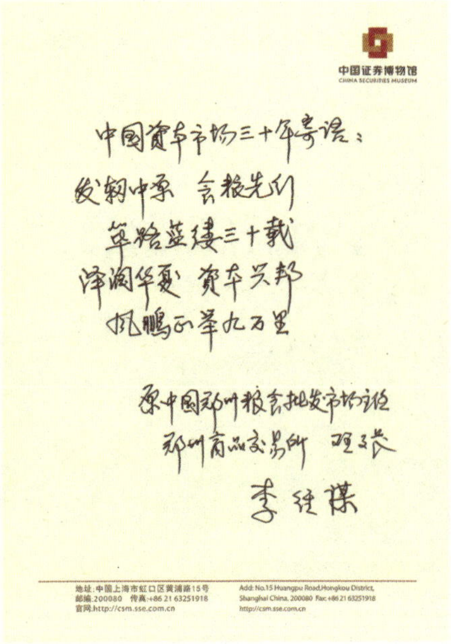
中国资本市场三十年寄语：
发轫中原　会粮先行
筚路蓝缕三十载
泽润华夏　资本兴邦
扶摇而举九万里
原中国郑州粮食批发市场主任
郑州商品交易所　理事长
李经谋

李经谋（原中国郑州粮食批发市场主任　郑州商品交易所第一任理事长）

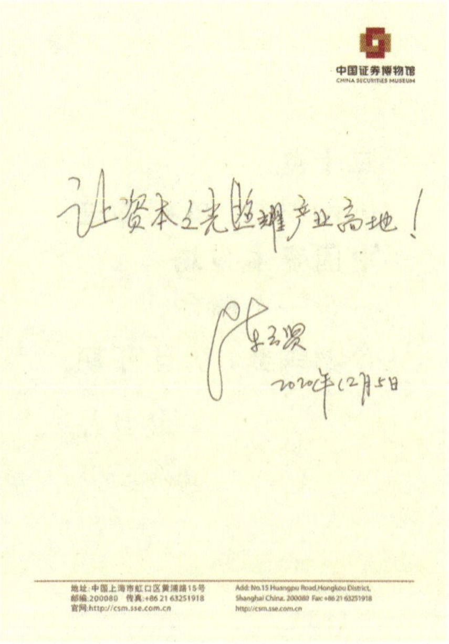
让资本之光照耀产业高地！
陈云贤
2020年12月5日

陈云贤（广东省原副省长　广发证券第一任董事长）

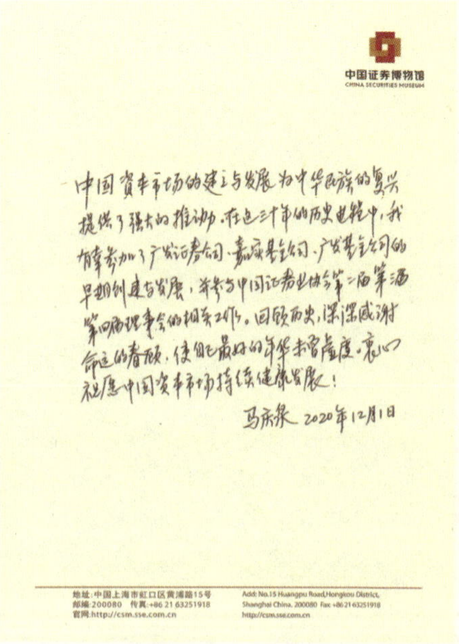
中国资本市场的建立与发展为中华民族的复兴提供了强大的推动力。在这三十年的历史进程中，我有幸参加了广发证券公司、嘉实基金公司、广发基金公司的早期创建与发展，并参与中国证券业协会第二届、第三届、第四届理事会的相关工作。回顾历史，深深感谢命运的眷顾，使自己最好的年华未曾虚度。衷心祝愿中国资本市场持续健康发展！
马庆泉 2020年12月1日

马庆泉（中国证券业协会原副会长）

中国证券博物馆与中国邮政联合举办《辛丑年》特种邮票首发仪式

2021 年 1 月 5 日上午 10:00，中国邮政集团有限公司、中国证券博物馆在上海证券交易所交易大厅联合举办《辛丑年》特种邮票首发仪式，上海证券交易所、中国邮政集团有限公司上海市分公司、中国证券博物馆、中国工商银行贵金属业务部、中国邮政储蓄银行上海分行、上海农商银行、海通证券股份有限公司、国泰君安证券股份有限公司、申万宏源证券股份有限公司、摩根大通证券（中国）有限公司、野村东方国际证券有限公司等单位的领导和嘉宾参加了仪式。

图 1　与会嘉宾共同为《辛丑年》特种邮票鸣锣揭幕

图 2　与会嘉宾共同为《辛丑年》特种邮票首日封揭幕

《辛丑年》特种邮票一套2枚，邮票图案名称分别为奋发图强、牛年大吉，全套邮票面值为2.40元。计划发行量分别为邮票一图4460万枚，邮票二图4280万枚。

图3 《辛丑年》特种邮票

《辛丑年》特种邮票是中国生肖邮票序列第四轮中的第六套，设计延续了第四轮生肖邮票的“家国”理念，由曾担任1985年第一轮牛年生肖邮票的设计师——著名画家姚钟华先生创作。《辛丑年》特种邮票通过动与静、力量与温情的结合，将生肖牛“脚踏实地、敢于拼搏、开拓进取、勤劳奉献”的精神内涵进行了生动诠释与艺术展现。两枚邮票分别展示了国家的期许、家庭的企盼，组合而成浓浓的新春祝福；其中，第一枚“奋发图强”，描绘了雄壮有力、一往无前的奔牛形象，公牛四蹄扬起，昂首向前，目光炯炯，表达出不畏艰险、砥砺前行，为实现中华民族伟大复兴而努力奋斗的寓意；第二枚“牛年大吉”，通过大牛与小牛舐犊情深的温馨画面，向全国人民传递家庭兴旺和谐、团圆美满的美好祝愿。

配合生肖邮票的发行，从1月5日起同步推出由“中国证券博物馆”“中国集邮”首次跨界合作的文创新品——“开市祥锣”纪念摆件，该款产品以上海证券交易所“开市锣”、上海金融交易广场“气贯长虹”牛为原型进行艺术演绎，配《辛丑年》生肖邮票大版、小版、小本票。开市祥锣，声声吉音迎春纳福；金牛奋进，步步高升气贯长虹！全国工商银行网点、融易购线上平台有售。■

（图片拍摄：许雨舟）

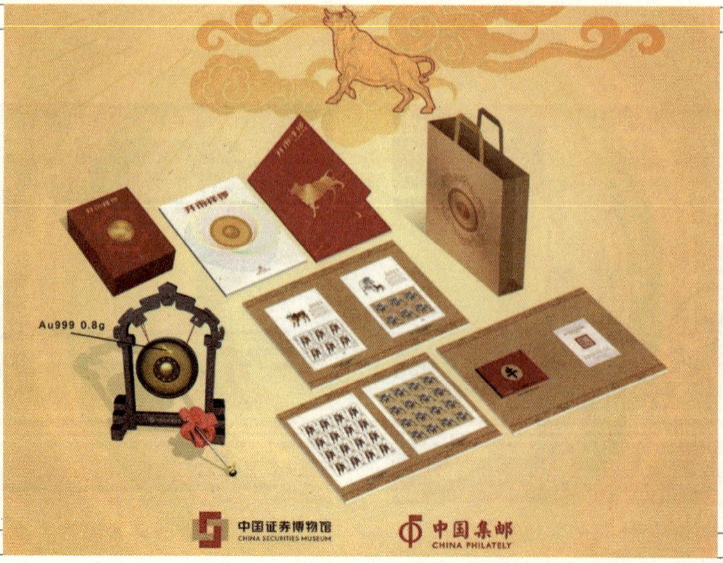

图4 “开市祥锣”纪念摆件

“携手——中国资本市场扶贫成果展”正式上线

2020年是脱贫攻坚收官之年，也是中国全面建设小康社会宏伟目标实现之年。为集中展示中国资本市场在扶贫历程中发挥的作用和取得的成果，由中国证监会扶贫办主办，中国证券博物馆承办，上海证券期货文化发展基金会资助的“携手——中国资本市场扶贫成果展”于2021年1月23日在中国证券博物馆官网正式上线。

该展览汇集了中国证监会会管系统45家单位选送的近600张图片图表、40余个扶贫视频及30余个扶贫县扶贫项目航拍素材，以三维数字网络展厅的形式进行线上展示。通过3D建模和720全景技术等数字软件和互联网新技术，搭建三层约1830平方米的网上虚拟展厅。观众点击链接即可虚拟漫游，观看海量图文影音资料。

展览从政策扶贫、辖区扶贫、定点扶贫、行业扶贫、扶贫干部五个方面记录中国资本市场扶贫事迹。同时结合扶贫项目航拍鸟瞰、线上扶贫展销集市、扶贫时光壁纸、栽种扶贫果、互动连线答题等多种互动形式，为观众提供新鲜有趣的线上观展体验，更生动地讲述这段难忘的历史。

“知标治本、万举万当——政策扶贫”

通过展示国家对扶贫工作进行的政策部署和颁布的指导文件，以及中国证监会历年扶贫工作总结及取得的荣誉、成就，彰显出扶贫大格局中顶层设计与规划的指导性作用。观众可参与“答一答·扶贫知识”

小游戏，检验自己对扶贫知识的了解。

“滴水石穿、精准施策——辖区扶贫”

展现了各证监局立足辖区实际，借助资本市场力量，通过产业扶贫、教育扶贫、公益扶贫、消费扶贫、资本扶贫、党建扶贫等多种手段，为扶贫工作所做出的贡献。展厅内设置了“翻一翻·时光壁纸”卡片抽取互动展项，卡片图案来自证监会系统内各单位与行业力量扶贫历程中的动人瞬间。点击并观览各地证监局扶贫举措，将有机会抽取扶贫卡片。

“啃硬骨头、攻坚拔寨——定点扶贫”

主要展示证监会系统定点帮扶的九个县取得的扶贫成果，包括河南省兰考县和桐柏县、山西省隰县和汾西县、安徽省宿松县和太湖县、甘肃省武山县、陕西省延长县以及新疆麦盖提县。观众可点击参观“六所一司”帮扶案例以及扶贫历年大数据。进入走廊区域，是展厅的互动展项——“转一转·脱贫新貌”，点击两侧的水晶球可以观看九个定点扶贫县的全景航拍照，了解当地特色扶贫项目，感受定点扶贫县新貌。

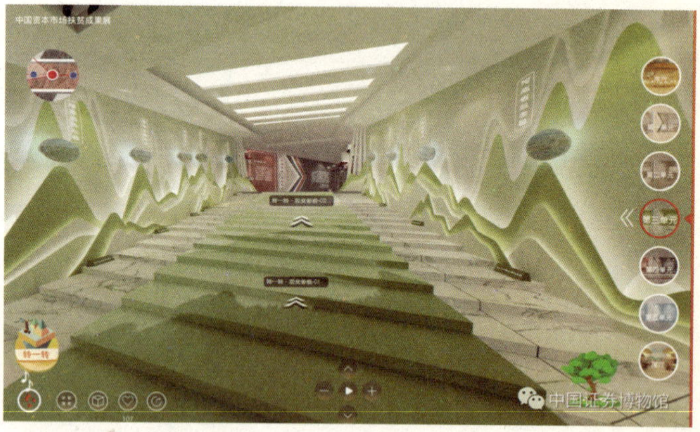

“授渔造血、互利双赢——行业扶贫”

通过图文形式展示证券公司、期货公司、基金管理机构、上市公司等行业经营机构响应号召、踊跃参与，承担企业社会责任，积极投身参与扶贫工作所取得的成就。观众可参与“连一连·行业特色”互动游戏，通过将扶贫照片和对应的扶贫方式连线的小游戏，加深对行业扶贫的认识。

“吃苦吃香、流汗流芳——扶贫干部”

扶贫工作得以扎实推进，各项工作得以坚定落实，深入一线的扶贫干部们功不可没。第五单元“吃苦吃香、流汗流芳——扶贫干部”将展厅打造成小型放映厅，以电影放映的形式展现系统内各单位扶贫干部们的风采与成就。观众可点击放映机观看扶贫干部们的自述视频或阅读图文介绍，并为喜爱的干部们点赞献花。

尾厅以半景画方式描摹乡村集市、校舍、农业发展等新农村景象，观众可留言或扫描二维码跳转至线上助农集市，购买心仪的助农商品。

正如习近平总书记所说，“党的十八大以来，党中央团结带领全党全国各族人民组织实施了人类历史上规模最大、力度最强的脱贫攻坚战。经过 8 年持续奋斗，我们如期完成了新时代脱贫攻坚目标任务，现行标准下农村贫困人口全部脱贫，贫困县全部摘帽，消除了绝对贫困和区域性整体贫困，近 1 亿贫困人口实现脱贫，取得了令全世界刮目相看的重大胜利。”谨以此展览，向数十年来不懈拼搏的扶贫奋斗者致敬，为脱贫攻坚的伟大成就献上礼赞。

欢迎大家线上参观，观众可登录中国证券博物馆官网 csm.sse.com.cn，点击阅读原文或扫描下方二维码进行观展。■

浦江饭店历史专题展厅重新开放

2021年1月28日，中国证券博物馆重新开放“浦江饭店历史专题展厅”，并作为常设展向公众长期免费开放。该展讲述了中国证券博物馆馆舍所在建筑“浦江饭店”的前世今生，从“浦江饭店与上海”“浦江饭店与外滩”“浦江饭店与名人”及“浦江饭店与演变”四个维度，展出历史上使用过的手提煤油灯、电表、电话、台灯、英文打字机、菜单、不同时期的灯罩等实物。于百年历史老建筑中穿行，在海派文化老物件中留连，完成一场当下与过去的对话、建筑与人文的交汇。

浦江饭店，始建于1846年，是中国最早的西商饭店，原名为礼查饭店（英文名为 Richard's Hotel，后更名为 Astor House Hotel）。

（图片拍摄：周嫘）

图 1　浦江饭店的“前世今生”

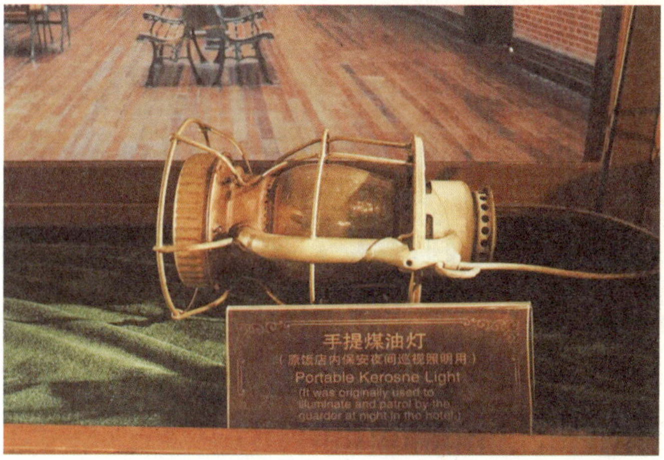

图 2　原饭店内使用过的手提煤油灯

图 3　原客房曾经使用过的电话

图 4　20 世纪初叶、中叶不同时期的灯罩

图 5　原镶嵌于二楼舞厅墙面上的狮身人面像雕刻

图 6　住房客人曾经使用过的英文打字机

新展开幕：牛转乾坤——辛丑（牛年）新春生肖文物图片联展

牛岁春入户，牛气满乾坤

在农历牛年新春到来之际，中国文物报社联袂中国证券博物馆等40余家文博机构，众筹数百幅牛主题文物艺术品图片，为喜迎新年的观众朋友们献上一份“文物新年礼”——《牛转乾坤——辛丑（牛年）新春生肖文物图片联展》。期盼展览中一个个耕地播种、载拉运送，雄壮威猛、憨态可掬的牛儿们，让您追忆起往昔岁月、乡土乡愁的那份美好，并在纳福迎祥的佳节喜庆中汲取勤奋务实、开拓进取的精神力量。

此次联展共分为四个部分。

1. 生肖故事

“生肖故事”揭示了生肖文化的源与流。

2. 牛族本纪

“牛族本纪”展示了自然界中种类丰富的牛。

3. 五牛迎春

“五牛迎春”通过春牛耕春、神牛通灵、吉牛纳福、牧牛意趣、铜牛镇水来讲述意蕴深厚的牛文化。

4. 牛年话牛

“牛年话牛”部分通过绘画、剪纸、雕塑、民间工艺品等为您展示民俗传说、工艺美术，以及金融牛市中的牛。

图 1　生肖故事

图 2　牛族本纪

图 3　五牛迎春

图 4　牛年话牛

联展通过深入挖掘“牛”文化发展的历史脉络，展示牛在中国传统文化中的重要地位和当代资本市场上焕发的独特魅力。

牛转乾坤，牛市好运。作为证券期货行业唯一的国家级博物馆，中国证券博物馆将这些收藏在全国各地博物馆里的文物、陈列在广阔大地上的遗产与 22 件“牛”上市仪式纪念品联袂展出。“牛”上市仪式纪念品代表中国资本市场和实体经济的努力奋斗和欣欣向荣。

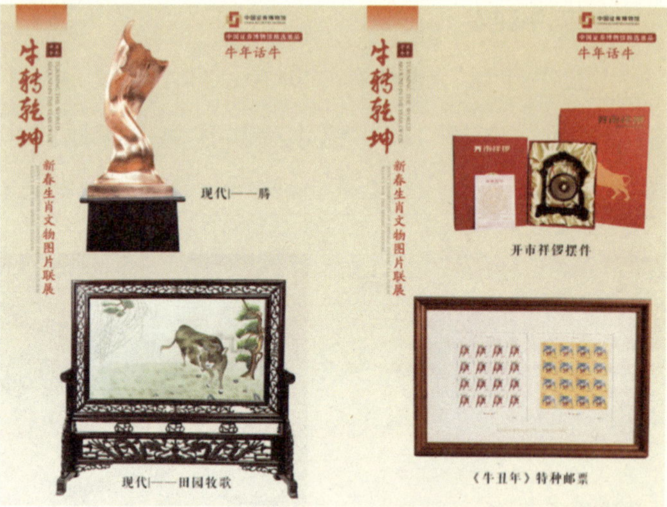

特别展出的中国邮政《辛丑年》特种邮票和“开市祥锣”文创摆件，以及35个民间手工艺人特制牛年剪纸作品，为牛年新春献上祝福。中国证券博物馆的吉祥物小牛“正正”也将在此展中首次线下亮相，观众可与穿上吉祥唐装的牛娃“正正”合影留念。

除此之外，该展以“展中展”的形式呈现儿童艺术作品展，将悠远的中国文化与博物馆美育相结合，艺术创意与财商教育相呼应，传统神话与超级英雄相串联，以孩童稚嫩却天马行空的思维，透视关于牛的无限可能。

中华大地春盎然，神州无恙入牛年

“六畜之首”的牛，与中华民族相伴相守数千年，凝结了憨厚、忠诚、坚韧、勇悍、悲悯、尽命的精神形象。无论自然、人文，抑或情感、艺术，关于牛的知识、信息绵延不绝，永世流传。

野牛、黄牛、水牛、牦牛、老黄牛、垦荒牛、孺子牛……感知牛的世界，感佩牛的精神，让我们的牛年鼓足“牛劲”，充满“牛气”，朝着一路上扬的“牛市”劈波斩浪、坚定前行。■

《中国证券博物馆》征稿启事

《中国证券博物馆》由中国证券博物馆组织编写、中国金融出版社出版，旨在记录中国资本市场发展历程及重大事件，留存亲历者第一手回忆性文字，推广证券期货历史文化研究课题成果，交流博物馆文化事业发展，发布中国证券博物馆资料库建设阶段性进展。主要栏目有：人物访谈、证博特稿、风云笔谈、专题研究、文博论坛、藏品撷英等。欢迎海内外专家学者及市场亲历者踊跃投稿。

来稿要求：

一、凡涉及资本市场发展历程以及证券期货及博物馆文化、历史、教育的文稿均可，要求论述明确，尊重历史，层次清晰，行文规范，资料翔实、准确、系统。文章应不涉及保密，署名无争议。

二、来稿字数不限，建议文章配三至五张图表或照片（均请注明名称和来源）。稿件格式准确，参考文献按照 GB/T 7714—2005 标准，采用脚注，每页连续编号，文章注释的内容依次为：作者、书名、卷册、出版社、出版年份、页码；图片格式为 JPG，分辨率应不低于 300dpi。请附上作者简介及联系方式。

三、请勿一稿多投，投稿文章以原创为宜，未在公开出版物或互联网上发表，投稿即视为对稿件原创性做出承诺。

四、编辑部根据发文要求，有可能对来稿酌情删改，如不同意，务请注明。

五、来稿一经刊用即致稿酬，并赠样书两本。未刊用稿件恕不退回。

联系方式：

联系电话：021-38612105

投稿信箱：zgzqbwgnk@sse.com.cn

通信地址：上海市虹口区黄浦路 15 号《中国证券博物馆》编辑部

邮政编码：200080

《中国证券博物馆》编辑部